# 한국어 위격조사 '에'의 실현 현상 연구

# 한국어 위격조사 '에'의 실현 현상 연구

**발행일** 1판 1쇄 2025년 9월 18일
**지은이** 임천천(任倩倩)

**펴낸이** 박영호
**기획팀** 송인성, 김선명, 김선호
**편집팀** 박우진, 김영주, 김정아, 최미라, 전혜련, 박기나
**관리팀** 임선희, 정철호, 김성언, 권주련

**펴낸곳** (주)도서출판 하우
**주소** 서울시 중랑구 망우로68길 48
**전화** (02)922-7090
**팩스** (02)922-7092
**홈페이지** http://www.hawoo.co.kr
**e-mail** hawoo@hawoo.co.kr
**등록번호** 제2016-000017호

ISBN979-11-6748-254-9 93710

**값** 14,000원

# 한국어 위격조사 '에'의 실현 현상 연구

임천천(任倩倩) 지음

도서출판 夏雨

# 序

任倩倩同学具有极其进步的思想观念，学习态度端正且积极，在上外学习期间，积极主动地学习语言学知识，并将其应用到韩国语的学习中。她以活泼开朗的态度，不断加强自身的理论基础，提升理论素养，并能够从理论层面对韩国语言事实进行深入思考和分析。正是在这样的基础上，她撰写了本次提交的学术论文。

韩国语格助词研究历时百年以上，成果丰富，但仍存在众多难题，如本书所涉及的格助词的隐现问题，尚缺乏整体性的系统解释。本人因此申请了国家社科项目“朝鲜语显格助词研究”，而本书也纳入了课题的整体设计，成为了该项目的阶段性研究成果，可以为韩国语格助词研究者提供新的视角和方法，也能为语言类型学研究提供了一个较好的样例。本书的研究对象主要集中在韩国语语法书中被认为含义较多的助词“에”，通过语言学理论方法结合实际语料库中的例句，对其在应用中的“隐”和“现”现象进行分析。

本书的研究框架主要分为两大方面。第一方面，围绕韩国语位格助词“에”的单义性进行分析，并基于此对其隐现现象进行分类。第二方面，对韩国语位格助词“에”的隐现现象成因进行分析。整体框架包括绪论、主体

部分和结论三个部分，共分为四章。第一章讨论了韩国语助词“에”被视为位置格助词的原因，所应用的认知语言学识解理论、语言经济性及象似性理论等方法。第二章和第三章根据认知语言学中提出的语言扩张路径“空间−时间−抽象”，探讨了韩国语位格助词在具有抽象单义性表达“位置”义的基础上，对不同位置含义进行了分类，将其分为空间位置义、时间位置义和抽象位置义。随后从具体隐现的表现现象出发，对不同隐现现象进行考察，并从必现、多现少隐、隐现均衡、多隐少现、必隐五个方面对韩国语位格助词“에”的隐现现象进行分类，以认知识解理论、经济性原则和象似性原则为分析工具，对其具体成因进行了分析。

在撰写本书的过程中，作者提出了一些新的观点和看法。例如，将多义现象的助词“에”提炼为其抽象单义表示“位置”，进而分为“空间位置”、“时间位置”和“抽象关系位置”。对空间位置进行了进一步的具体化，包括“表面接触”（“水平接触”和“竖直接触”）、“包含接触”、“临近接触”和“动态接触”（“动态原位置接触”、“动态单向接触”和“动态双向接触”）。同时，对隐现现象进行了更细致的分析，指出韩国语位格助词“에”的核心功能在于标记其所附加成分在具体例子提供的背景中所占的位置。此外，本书也

融入了较新的语言学理论方法进行分析，为语言学理论的发展提供了新的案例。最后得出结论韩国语位格助词“에”在表时间位置义时，“에”多隐少现；表空间位置和抽象关系位置时，“에”多现少隐。时间位置中“에”隐现的现象最为多样，最终形成时间位置〉空间位置〉抽象关系位置的不对称现象。“에”实现时与韵律和谐、语法化结果、句子结构及语义的影响、语言环境和人类的识解能力、经济性等因素相关，“에”不出现时与所附加词汇的可别度、固定结构、经济性和语言等级(空间〉时间〉抽象)相关。

总的来说，本书在语义提取、研究分类及成因解析方面具有一定的新颖性，可被视为是一次较好的尝试。它为研究韩国语语言学现象提供了不同的研究视角，关注到了出现现象的同时也注意到了不出现的成分及背后的原因。本书在后期修改过程中，姜宝有教授、高陆洋教授、崔松虎副教授也给出了中肯意见，在此表示衷心的感谢。然而，本书亦存在一些遗憾之处，例如初期设想的韩汉对比现象由于时间和篇幅的限制，未能得到充分探讨。期待作者在今后的学习中进一步拓展，探索更多韩汉两种语言在此方面的异同点。

是为序。

赵新建，2023.12.24，于上海

# 머리말

한국어 조사 '에'가 격조사인지 후치사인지에 대해 그 동안 한·중 학자들의 의견이 많았다. 관련 성과를 보면 '에'의 품사에 대한 연구는 네 시기로 나눌 수 있다. 첫째, '에'가 격조사로 분류되었던 시기다. 둘째, '에'가 정격으로 분류되었던 시기다. 셋째, '에'가 격조사로 인정되지 않았던 시기다. 넷째, '에'가 다시 격조사로 인정되었던 시기다. '에'를 격조사로 본다는 관점은 지금 학계의 주류를 이룬다. 이 논문은 '에'가 주로 부사격을 표지하는 기능이 있어서 여전히 격조사로 본다.

이 논문은 먼저 선행연구를 통해 한국어 격조사 '에'의 다의성에 대한 관점 및 설명을 살펴봤다. 이를 바탕으로 '에'의 실현 및 비실현 현상에 관한 연구 흐름을 정리하고 전체적인 연구 추세를 파악했다. 그 다음에 권위적인 사전 및 문법책을 통해 한국어 격조사 '에'의 의미를 고찰하고 인지 해석 중의 현저성 이론을 기초로 전경과 배경의 시각으로 전면적인 의미 분석을 했다. 문장에서 한국어 격조사 '에'가 실현되면 '에'에 선행하는 비활동체 성분은 전경이 되고 다른 성분은 배경이 된다. 배경에서 전경 부분인 비활동체가 차지하는 위치는 '에'로 표지된다는 현상을 발견했다. 이와 동시에 이 논문은 의미 확장의 전형적인 경로인 '공간-시간-추상'에 따라 '에'의 의미 변화를 살피고 '에'의 가장 본질적인 의미는 비활동체의 위치를 표지한다는 것에 있다는 주장을 내세웠다. 그리고 시간이 지나면서 '에'의 의미는 위에서 제시된 경로에 따라 점차 확장되었다는 사실도 확인되었다. 일부분 학자들이 '에'가 다의성 조사라고 주장하였는데 이 논문의 관점에 따르면 그 다의성은 문장 성분과 배경으로 인해 임시적으로 생긴 의미이고 '에'의 본질적인 의미가 아니다.

위 논의를 기초로 이 논문은 말뭉치에서 수집된 예문을 통해 실제 언어 생활에서 '에'의 실현 및 비실현 현상을 고찰했다. 시간과 편폭 제한 때문에 전형적인 예문만 선택해서 살펴봤다. 공간 위치를 나타내는 예문은 주로 '가다' 등 동사를 키워드로 검색했다. 시간 위치를 나타내는 예문은 '지금'을 비롯한 시간 명사와 부사를 키워드로 검색했다. 추상 관계 위치를 나타내는 예문은 '비, 더위' 등 고빈도 기초 단어를 키워드로 검색해서 추출했다. 위치 유형에 따라 '에'의 실현 및 비실현 현상이 다르고 비대칭적이라는 사실을 알 수 있다. 이것은 의미 확장의 전형적인 경로와도 대체로 일치하다. 이 논문은 도상성 및 경제성 원리를 근거해서 이 현상의 원인을 밝혔다. '에'의 본질적인 의미, 즉 위치 의미를 출발점으로 살펴보면 한국어 격조사 '에'의 실현 및 비실현 현상은 아주 다양하고 그 원인도 복잡하다. 그 중 제일 기본적인 원인은 경제성 원칙의 작용이다. 이 관점은 도상성의 원칙에도 부합된다. 실현 및 비실현 현상의 유형이 많지만 본질적인 의미의 영향 때문에 위격조사 '에'가 실현될 때 선행하는 성분이 배경에서 부각된다는 현상은 공통적으로 나타났다. '에'가 실현되지 않으면 이러한 현상이 없었다. 그러므로 한국어 격조사 '에'가 각종 문맥에서 비활동체의 추상 위치를 부각시키는 위격조사라고 결론을 내릴 수 있다.

2023.12.

임천천

# 차례

# 1
# 서론

# 제1부 서론

## 1.1 연구목적 및 연구의의

한국어 격조사의 주격조사 혹은 목적격조사가 모두 비실현 현상이 있다. 한국어 격조사 '에'도 이런 현상이 있지만 학계에서 각광을 받지 않았다. 그리고 비실현 현상을 연구하기 전에 격조사의 본질적인 의미를 밝혀야 한다. 비실현 현상은 어떤 형식으로 나타난 것도 살펴야 한다. 실현과 비실현 현상에 대하 해석해야 하는 것이다. 본고에서는 이상과 같은 문제를 해결할 것이다.

그러므로 본고의 연구목적은 다음과 같다.

우선 인지언어학적인 관점으로 한국어 격조사 '에'의 본질적인 의미를 밝히고 분류할 것이다.

그 다음, 분류한 기초에 근거하여 의미 항목을 기반으로 하여 말뭉치를 통해 격조사 '에'의 실현과 비실현 현상을 수집하여 특징을 살핀다.

그리고 언어유형론의 도상성과 인지언어학의 인지현저성 등 이론으로 '에'의 실현과 비실현 현상을 해석하고 이런 형상이 나오게 되는 원인을 밝히고 도표를 만들어 그 결론을 지겠다.

본고의 연구의의는 다음과 같다.

우선 인지언어학, 언어유형론과 관한 이론은 한국어 격조사 '에'에 응용 경우를 알아볼 수 있고 한국어 격조사 '에'의 연구를 통해 이론의 정확성을 한 층 더 심화시키고 증명한다. '에'의 실현과 비실현 현상은 인지언어학, 언어유형론의 연구에 대해 언어 사실을 제공할 수 있다.

그리고 본고의 연구를 통해 격조사 '에'의 속성 문제를 해결하고 실현과 비실현 현상을 설명하는데 의의가 있다. 학국 학계에 '에'의 의미와 관한 연구가 많지만 '에'의 본질적인 의미를 설명하는 연구와 '에'의 실현과 비실현 현상에 대해 연구가 많지 않다. 그래서 '에'의 본질적인 의미를 밝히고 '에'의 실현과 비실현 현상을 정리하여 설명하는 것은 '에'의 의미와 실현 여부 현상에 대해 한 층 더 깊게 파악할 수 있다.

마지막으로 격조사 '에'가 실현과 비실현 현상은 가지고 있는 유형론 의미를 제출하여 중국 학생들은 '에'를 공부할 때 나타나는 문제에 대해 설명할 수 있다. 학교 교육에 대해 도움을 조금나마 제공할 수 있다면 좋겠다.

## 1.2 연구 대상 및 기본 개념

한국어 격조사에 대한 연구의 역사가 길다. 많은 학자들이 한국어는 격이 있는지 없는지에 대한 연구, 격조사의 의미 연구, 그리고 격조사 비실현 현상에 대한 연구 등에 대해 관심이 많다. 한국어 격조사의 연구 성과가 아주 풍부하다. 본고는 격조사 '에'의 의미와 실현과 비실현 현상을 연구 대상으로 '에'의 본질적인 의미를 분석한다. 이를 통해 '에'의 실현과 비실현 현상을 살펴보고 원인을 밝힌다.

본고는 한국어의 '꼬꼬마 세종 말뭉치 활용 시스템' 등 말뭉치를 활용하여 의미 확장 방향, 즉, '공간–시간–추상'의 순서로 격조사 '에'의 사용 양상을 분류한다. 그리고 대표적인 단어를 선택해서 말뭉치에서 그 예를 선택하고 분석한다. 한국어 격조사 '에'의 실현과 비실현 현상에 대해 영향을 주는 단어의 수가 많다. 본고의 연구 대상은 공간 위치를 나타내는 예문이 주로 '가다' 등 동사를 키워드로 검색한다. 시간 위치를 나타내는 예문은 '지금'을 비롯한 시간 명사와 부사를 키워드로 검색한다. 추상 위치를 나타내는 예문은 '비, 더위' 등 고빈도 기초 단어를 키워드로 검색해서 추출한다. 실현과 비실현 현상을 표시할 때 예문이 충분할 경우에 대표적인 예문을 선택하고 부족할 경우에 일일이 설명한다.

본고는 인지언어학의 인지현저성 이론, 경제성 이론 및 언어유형론의 도상성 이론을 이론 배경으로 삼는다. 인지현저성 이론을 통해 격조사 '에'의 의미를 분석하여 본질적인 의미를 얻을 수 있다. 그 이론과 경제성, 도상성 이론과 같이 실현과 비실현 현상을 분석하여 '에'의 실현과 비실현 현상의 원인을 설명한다.

본고의 기본 개념은 비실현과 생략이다. 비실현은 그 표지가 나타나든지 나타나지 않든지 문장이 표현하는 의미가 여전히 문장에서 남다는 것이다. 표지가 나타나면 그 위치나 다른 의미를 부각시킨다. 표지가 나타나지 않으면 의미를 부각시키지 않는데 그 의미가 여전히 있고 영형식으로 표현할 뿐이다. Quirk et al.(1985)에서 생략의 다섯 가지 조건에 대해 설명한 바가 있다. 첫 번째는 생략된 단어들이 정확하게 회복될 수 있어야 한다. 두 번째는 생략된 구성은 문법적 결여가 나타난다는 것이다. 즉, 문법적 문장의 필수요소가 부족한 경우를 말한다. 세 번째는 생략된 단어들의 삽입이 문법적 문장을 만든다는 것이다. 네 번째는 생략된 단어들이 문맥적으로 회복 가능해야 한다. 마지막으로 다섯 번째는 생략된 단어가 텍스트에서 동일한 형태로 나타난다는 것이다. 이 논의에서는 다섯 가지 조건이 모두 충족되면 엄격한 생략(strict ellipsis)이라고 한다. 다섯 번째 조건을 제외하고 나머지 네 가지 조건이 충족하면 유사 생략(quasi-ellipsis)이라고 한다. 본고는 실현과 비실현이라는 명칭을 선택한다.

그리고 위격조사라는 것은 '에'는 본질적으로 비활동체의 위치를 표현하는 격조사 때문에 위격조사라고 한다.

## 1.3 선행연구

본고와 관련된 선행연구는 두 부분으로 나눈다. 하나는 연구시간의 시각으로 살피고 다른 하나는 유별의 시각으도 살핀다. 시간의 순서대로 한국 학계에서 격조사 '에'에 대한 연구를 네 단계로 나누었다. 유별

시각은 '에'에 대한 의미 분석의 시각과 실현 여부의 현상 연구로 나누었다.

### 1.3.1 시간의 시각

본고는 조신건(2018)에서 설명한 것과 같이 시간의 시각으로 한국 학계에서의 한국어 격조사 '에'에 대한 연구를 네 개의 시기로 나눌 수 있다. '에'를 격조사로 본다는 관점은 지금 학계의 주류를 이룬다.

첫째, '에'가 격조사로 분류되었던 시기이고 1910년부터 시작했다. 서양언어학의 영향을 받아 한국어에서도 격조사와 격 시스템이 있다고 생각한 것이다. 대표적인 학자는 주시경(1910), 최현배(1937) 등이 있다.

둘째, '에'가 정격으로 분류되었던 시기이고 1966년부터 시작했다. 일부분 학자들은 한국어에서 격이 있는지 없는지에 대한 문제에 대해 다시 분석하였다. 예를 들어 안병희(1966), 이남순(1987)은 정격과 부정격 개념을 제출하였다. 민현식(1982)은 '무표격'의 관점을 가지고 있었다. 한마디로 모두 정격으로 본 것이다.

셋째, '에'가 격조사로 인정되지 않았던 시기이고 1998년부터 시작했다. 일부분 한국 학자들은 한국어에 격이 없다고 생각한다. 대표적인 학자는 목정수(2003, 2009), 고석주(2011) 등이 있다. 목정수는 지금 학계에서 인정을 받은 격조사는 격을 표현하지 않고 보조사로 분류해야 한다는 것을 밝혔다. 고석주는 격조사가 후치사로 보아야 한다고 생각하였다.

넷째, '에'가 다시 격조사로 인정되었던 시기이고 2011년부터 시작했다. 한국 학자는 다시 한국어는 격조사가 있다라는 관점을 전부 부정하면 안 된다고 밝혔다. 대표적인 학자는 엄정호(2011)다. 엄정호는 인구어 배경 아래 제출한 격표지는 격을 표지할 수 있는데 기능/의미를 첨가할 수 있는지 없는지가 명확하지 않다. 그런데 언어유형론 배경 아래 격은 구별과 확정의 기능이 있어서 격조사가 격만 표시할 수 있는 것을 가정할 필요가 없다. 아울러 굴절 개념을 사용하지 않아도 문법 범위를 설명할 수 있는 가능성도 있다.

다른 학자들이 '에'에 대해 관점이 다르지만 시간적으로 보면 서로 교차하는 부분이 있다.

### 1.3.2 유별의 시각

유별의 시각으로 보면 한국 학계에서 한국어 격조사 '에'에 대한 연구는 다양하다. 본고는 의미 연구와 실현 여부의 현상을 살펴볼 것이다.

#### 1.3.2.1 의미 시각

의미 분석의 시각으로 보면 한국 학계는 두 가지 방향으로 나누었다. '에'의 단의성을 보면 '에'의 기본적인 의미와 관련한다. 대표적인 학자들은 이기동(1981), 이남순(1983), 강기진(1986), 진기호(1999), 이지수(2007), 조재형(2009), 고석주(2011) 등이 있다.

이기동(1981)에서는 전경과 배경의 관점으로 '에'에 대해 분석을 하였다. '에'의 기본적인 의미는 바로 장소 이동, 상태가 변화하는 개체와 배경을 표시하는 개체 간의 관계를 표시한다.

이남순(1983)에서는 '에'와 뒤에 VP간의 관계는 '모녀 관계'를 지적하고 내부적으로 한정의 기능을 가지다는 것을 밝혔다. 제일 기본적으로 보면 '에'의 통사적인 기능은 바로 서술어 동사를 한정한 것이다.

진기호(1999)에서는 한 형태소로 형성하는 조사는 하나만 기능이 있다. '에'는 NP 에 대해 '범위 한정'의 의미를 표시한다.

이지수(2007)에서는 '에'의 내재적인 의미는 결합되 NP의 공간 영역을 한정하거나 NP를 대상화로 한다.

조재형(2009)에서는 인지언어학의 은유와 공간 주의 이론을 사용하여 '에'가 추상적인 의미를 고려하지 않으면 실질적인 의미는 '위치'를 표시하다는 것을 밝혔다.

고석주(2011)에서는 '에'가 문장에서의 생략 현상을 보면 격조사가 아니라 후치사로 보아야 한다고 하였다. '에'의 의미도 격 의미 아나고 인지언어학에서 나오는 '배경'의 의미라고 하였다.

다른 다의적인 단어를 분석하는 방법도 공부할 필요가 있다. 조신건(2012)에서 한국어 연결 어미 '지만'의 다의성에 대해 서술할 때 공약법과 의미장 제한을 결합하고 분석했다. 그 결과는 상대적 단의성으로 볼 수 있다. 그리고 다의성의 연속체는 원자 관념–원형 관념–도식 관념–단의 관념(原子观–原型观–图式观–单义观)으로 밝혔다.

다의적인 각도에서 출발하여 연구하는 학자가 많다. 대표적인 연구는 주시경(1910), 최현배(1935/1999), 이익섭·채완(1999), 임홍빈(1983), 김민수(1993), 이희자·이종희(1998), 김홍규(2009), 고영근·구본관(2018), 이희승(2018) 등이 있다.

김민수(1993)에서는 한국어 격조사 '에'의 의미는 9가지가 있다고 하였다. 이희자·이종희(1998)에서 열거하는 의미는 10가지가 있다고 하였다. 김홍규(2009)는 '에'를 12가지 의미로 나누었다. 고영근·구본관(2018)은 '에'에 대한 의미를 5가지를 나누었다. 이희승(2018)은 '에'에 대한 의미를 4가지를 나누었다. 여기서 일일이 열거하지 않는다.

#### 1.3.2.2 실현 여부 시각

실현 여부의 시각으로 볼 때 한국어 격조사 비실현 현상에 대한 연구가 많다. 대부분의 연구는 한국어 주격조사와 목적격조사에 관한 연구인데 '에'에 관한 연구는 많지 않다. 실현 여부 시각에서 본 선행연구를 두 가지로 나눌 수 있다. 하나는 다른 단어의 실현 여부 현상을 분석한 연구다. 다른 하나는 '에'의 실현 여부 현상에 대한 연구다.

다른 단어를 대상으로 연구하는 대표적인 학자는 최현배(1937), 이남순(1998), 이호승(2006), 임홍빈(2007), 이은교(2008), 이숙(2009), 최성호(2013), 조신건·마회하(2016), 백하파(2015), 김민국(2016) 등이 있다.

최현배(1937)는 모든 조사는 형식상에서 보면 문장에서 나타나지 않을 수 있다는 것을 지적하였다.

이남순(1998)에서는 격표지의 비실현 현상을 연구하였고 '격 비실현'의 관점을 제시하였다. 이남순은 통사적인 관계로 격을 표시하는 것 부정격이라고 하고 격표지로 표시하는 격은 정격이라고 한다.

이호승(2006)에서는 격조사가 없는 명사구의 격문제를 연구하고 한국어 격 범위의 특성을 보았다. 격조사의 의미와 기능을 파악하고 격조사가 없는 명사구는 격이 없다고 생각하였다.

임홍빈(2007)에서는 조사를 첨가하지 않은 명사구의 통사 특징과 의미 특징을 연구하였다. '격어휘론자의 가설'과 '화용적 전경 원리'에 입각하여 무조사구 전경의 사실을 제시하였다. 잉여적인 성분으로 생각할 수 있지만 화용적 원리로 분석한 후 무조사구 또는 무조사 문장은 실제로 표지가 있는 전경과 같은 기능을 가지는 것을 확정하였다.

이은교(2008)에서는 한국어 '를'에 대해 분석하였다. 논문은 실생활의 대화 내용을 조사한 결과를 보았다. 비실현 현상은 격표지의 생략이나 탈락 현상이 아니라 처음부터 나타나지 않는다는 것을 지적하였다.

이숙(2009)은 대화체 문장를 연구 대상으로 하여 주격조사와 목적격조사의 생략 특징을 분석하였다. 이숙(2009)은 이남순(1987)의 정격 이론에서 출발하여 두 가지 조사의 생략 빈도가 높은 것을 밝히고 그 분포는 비대칭적인 현상으로 나타난다고 하였다.

최성호(2013)에서는 한국어에서 논항이 나타나지 않을 때 '생략'이나 '영형태'로 표현하지 못한다고 하였다. 한국어는 교착어이어서 다양한 조사를 첨가하면 문장의 의미가 변화되기 때문에 '생략'이나 '영형태'를 사용할 수 없다고 하였다.

조신건·마회하(2016)는 한국어 속격조사 '의'의 속성 문제를 밝혔다. 인지언어학의 해석 이론을 통해 소격조사를 분석하였다. 속격 형태의 비실현은 형태, 문법, 의미, 인지, 논리 5 가지 분야로 나눌 수 있다고 생각하였다.

백하파(2015)에서는 구어의 예를 선택하여 동사구의 비실현 현상을 분석하였다. 부사격조사 유형의 다양성을 지적하였는데 어느 격조사를 생략할 수 있는지 잘 구별할 수 없다. 그리고 생략 비율도 낮아 연구의 데이터 중 18.5%를 차지하기 때문에 부사격조사는 쉽게 생략할 수 없는 단어라고 하였다.

김민국(2016)에서는 한국어 주어의 격표지에 대해 연구하였다. 이 연구는 우선 격조사가 비실현되는 것과 관한 연구 역사를 살펴 보았다. 세 시기로 나누었는데 두번째 시기에서 학자들이 생략과 비실현의 의미, 화용적 조건을 찾기 시작하였다. 세번째 시기의 대표적인 학자는 목정수(1998가,나), 한정한(1999), 고석주(2001) 등이 있다. 세번째 시기 이후 중요한 논술이 별로 나오지 않았다고 하였다.

'에'의 실현 여부 현상을 연구하는 대표적인 학자는 서정수(1996), 홍순성(2003), 유혜원(2015), 김충실(2016)등이 있다.

서정수(1996)는 격조사의 생략 빈도에 대해 분석하고 격조사 '에'는 정상적인 어순에서 생략되는 빈도가 낮다고 밝혔다. 부사격조사는 다양한 의미와 기능이 있는데 문장에서 나타나지 않을 때 일반적으로 '장소', '시간' 의미를 표시하는 것이라고 하였다.

홍순성(2003)은 시간부사로써의 '에'가 문장에서 나타날 수 있느냐 없느냐를 분석하였다. '에'가 '성상부사'일 때 문장에서 나타나지 않는다고 밝혔다. 시간을 표시할 때 '에' 앞에 선행요소가 명사성이면 '에'가 나타나야 하고 부사성이면 '에'가 실현되지 않다고 하였다.

유혜원(2015)에서는 '에'가 비실현된 환경 또는 원인을 연구하고 이런 현상의 문법적 의미를 설명하였다. '에'는 시간 명사, 이동 동사 등 성분 뒤에 나타나지 않는다. 그리고 '에'가 원래 장소의 의미가 있어서 장소를 표시하는 말 뒤에 모두 잉여적인 성분으로 처리할 수 있다고 하였다. 마지막으로 구어와 같은 특별한 경우 중 구어의 특징과 사람들의 습관은 '에'가 비실현의 원인 중의 하나라고 하였다. 이런 조사의 비실현은 다화자의 의지에 따라 다른 표현 효과를 표현하기 위해 실현한 것이라고 하였다.

김충실(2016)에서는 생명도 이론을 통해 조사의 생략 현상에 대해 연구하였다. 부사격조사의 생략은 앞에 성분이 보통명사이면 제한이 있고 고유명사이면 제한이 사라진다고 밝혔다.

이상과 같은 선행연구를 통해 '에'와 관한 연구는 의미적으로 보는 것이 많고 성과도 다양하다. '에'의 단의성 연구와 다의성 연구는 비대칭 현상으로 나타난다. 그리고 조사의 비실현 연구도 일정한 역사 과정을 겪어 주격, 목적격에 집중하여 '에'와 관한 연구도 있지만 아직 많지 않다. 그래서 '에'의 실현 여부와 관한 연구는 아직 연구할 공간이 있다고 생각한다.

## 1.4 이론배경

사람들은 외부 환경이나 구체적인 사물에 대해 직접적인 체험 및 감지와 인식을 통해 전경-배경의 인지 방식을 건립한다. 그리고 이런 방식을 통해 세계를 만나고 언어를 구성하여 의미를 이해한다. 격조사 '에'를 사용하는 과정 중 이런 사고 방식도 나타난다. 그리고 언어 기호는 인지 방식과 비슷하고 사람들의 인지 방식을 통해 어느 정도의 현실 세계와 비슷하다. 그래서 직접 체험, 감각 및 인지도 '에'의 성질에 대해 결정적인 역할을 맡는다. 실현 여부의 현상도 불가피하게 인지 방식인 도상성의 영향을 받는다.

### 1.4.1 해석 방식의 인지현저성

王寅(2001:94)는 인지 해석 이론을(识解理论) 제시하였다. Langacker는 "F−G"에 근거하여 서로 다른 두 가지 부각시키는 관계를 만들었다. 그것은 전경과 배경의 관계다. 서술 관계 속에 부각시킴을 담당하는 참여자들이 비대칭적인 관계로 나타난다. 하나는 '전경'인데 이는 첫번째 부각하는 참여자이고 서술 관계 속에 초점을 모으는 실체다. 일대일이나 일대다 관계 중 제일 두드러진 위치에 있다. 다른 하나는 '배경'인데 서술 관계 속에 이차적인 실체를 표시한다. 전경의 위치를 측정하는 것에 대해 기준점을 제공한다.

彭利贞 외(2013)는 사람들이 자신이 있는 환경 속에서 사물을 볼 때 그 사물은 배경에서 부각시키는 전경으로 본다고 말하였다. 언어 구조에서도 이런 부각 원칙이 있다. 본고는 사람들이 말을 하거나 글을 쓸 때 자신이 부각시키는 부분이 있어서 문장의 순서나 다른 구조를 배치할 때 의식적으로 현저성을 사용하여 표현한다고 생각하였다.

인지언어학의 '현저성'은 언어 구조 안에서 정보의 선택이나 배치는 모두 정보의 부각 정도에 따라 결정된 것이다(Ungerer & Schmid:2001). 부각은 인지 과정 중 전경이 어느 객체나 객체의 일부분에 대한 관심과 강조라고 하였다. 부각의 대상은 일반적으로 특정한 언어 방식을 통해 표현하는데 다른 부분은 잠복 또는 억제되는 상태에 처한다. 그래서 언어 구조에서 성분의 전경화는 화자의 동기에 달려 있다. 전경화는 큰 부각이다. 정보가 언어 구조에서의 위치, 악센트, 코드의 길이 등 모두 현저성에 영향을 준다.

본고는 한국어 격조사 '에'가 문장에서 사용될 때 같은 특징을 가지고 있다고 생각한다. 실제적인 경우에서 '에'가 나타나면 그 앞의 성분은 전경이 된다. 그 앞에 있는 성분은 부각되는 성분이다. 그런데 이것으로 '에'의 다의성을 표시할 수 없다. 해석의 시각으로 보면 그 다른 의미는 사실 배경이 제공한 것이다.

실현 여부의 현상 안에 화자가 어느 부분의 위치를 부각시키고 싶으면 '에'를 사용해서 그 성분의 위치를 부각시킬 수 있다. '에'가 없으면 그 위치를 부각시키는 의미가 없다.

### 1.4.2 경제성과 도상성 이론

언어유형론은 언어와 언어 간에 차이가 있지만 보편성도 있다고 한다.

언어학에서 최초 경제를 토론하는 것은 바로 'Zipf법칙'이다. "높은 빈도는 짧은 형식을 형성하는 원인이다." 그리고 Grice회화 합력 이론에서 나오는 회화합력이론인 '수량 법칙'은 "현재 교류이외의 다른 정보를 전달하지 않는다"도 경제성의 표현이기도 한다(陆丙甫, 金立鑫2015:244) . 경제성은 제일 간단한 방식을 통해 정확하게 화자의 뜻을 전달하는 것이다. 더 복잡한 형식을 사용하지 않는다.

도상성은 강한 개괄성을 갖추고 있고 많은 언어 현상을 해석할 수 있다. 본고에서 여러 개 도상성의 원리를 사용하여 실현과 비실현 현상이 나타나는 원인을 설명할 것이다. 일반적으로 사람들은 제일 간단한 방식을 통해 자신의 생각을 표현하는 것이다. 비실현 현상은 그런 방식 중의 하나다.

金立鑫[1](2017)은 경제성이 인지 경제성과 가공 경제성으로 나누어 있다고 밝혔다. 인지 경제성은 분지 방향 조화 원칙(分支方向和谐原则)과 물진기용원칙 (物尽其用原则)으로 나누어 있다. 가공 경제성은 거리-표지 대응 원칙(距离标志对应律)과 내소외대 원칙(内小外大原则)으로 나누어 있다.

분지 방향 조화 원칙(分支方向和谐原则)은 수식 성분이 문장 앞이나 뒤에 놓는 것이다. 예를 들어 SOV언어에서 부사어가 동사 앞에 놓아야 한다.

刘丹青(2014)가 물진기용 원칙(物尽其用原则)을 제출한다. 언어학에

---

1

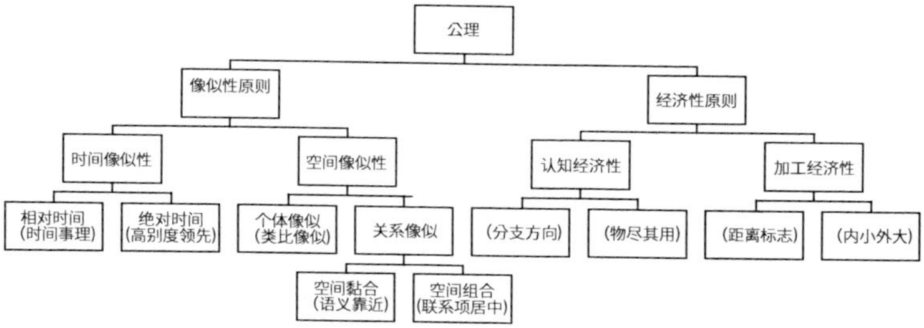

서의 경제성은 조합, 교제, 집합-인지와 언어 이론에서 나타난다. 刘丹青(2014)가 집합-인지 경제성은 인간들은 언어 목록 수단을 이용하여 특별한 현저 범주를 통해 충분히 사용한다는 것이라고 하였다. 언어 목록의 자원을 얻고 저장하여 전용하는 것을 절약하도록 한다. 본고는 경제성만 사용하여 실현과 비실현 현상을 해석하고 사물의 가치를 모두 사용하는 원칙을 볼 수 있다.

거리-표지 대응 원칙(陆丙甫, 2011)은 문장 구성에서 두 성분이 이미 가까운 거리를 가지고 있을 때 충분히 이해할 수 있다는 것이다. 구조 표지를 사용하면 잉여적인 느낌이 있다. 그리고 먼 거리일 때 표지를 사용하면 순간적인 기억과 심리 조작에 유리하다.

내소외대 원칙은 문장에서 복잡 정도가 낮은 성분은 문장 안에 위치하고 복잡 정도가 높은 것은 문장 외부에 위치한다.

도상성은 교제 기능 코드 형식 가운데의 일관성을 말한다. 복잡한 문제는 기능이나 형식이 모두 다양한 표현 방식이 있다(陆丙甫, 金立鑫 2015 : 246). 우리는 기능과 형식은 서로 일관성을 갖춘 것을 생각한다. 계속 새로운 시각으로 관찰하고 분석하여 불일치한 현상의 불일치성을 찾아야 한다. 언어는 사람들의 사상의 투사다(金立鑫2017:20). 본고에서 金立鑫(2017)이 제출한 언어유형론의 이론 시스템을 통해 실제적인 실현과 비실현 현상에서 출발하여 해석할 것이다. 구체적인 도상성 원칙이 시간 도상성의 식별도 우선 도상성(高別度领先象似性)과 공간 도상성의 유추 도상성(类比象似性)을 사용할 것이다.

식별도 우선 도상성은 陆丙甫(1998, 2004a)가 제출하였다. 구체적으로

생명도가 높은 성분이 앞서는 것과 구정보가 신정보보다 앞서는 것이다.[2]

유추 도상성이 포괄한 내용은 많다. 본고는 양적 도상성(数量像似性)(陆丙甫, 2012)을 사용할 것이다. 개념적 복잡성 정도가 언어적 재료의 양과 비례하는 경우를 말한다.

본고는 위에서 말하는 이론을 이용하여 한국어 격조사 '에'의 실현과 비실현의 원인을 분석할 것이다.

## 1.5 논문 구성 및 예문 출처

본고는 5장으로 구성된다.

제1장은 서론이다. 제1장에서 연구 목적 및 연구 의미, 이론 배경 및 연구 방법 그리고 예문 출처 및 선행 연구를 소개한다.

제2장은 한국어 격조사 '에'의 상대 단의성을 설명하고 실제 생활에서 실현 여부 현상을 밝힐 것이다. 우선 한국어 격조사 '에'가 어떤 성질을 갖추고 있다는 것을 연구하고 '에'가 상대 단의성이 있는 것을 밝힐 것이다. 즉, 위치를 표시하는 것이다. 이를 근거하여 공간 위치, 시간 위치 및 추상 관계 위치로 나누어 '에'의 의미를 분류한다. 인지언어학

2 陆丙甫에서 식별 정도를 통해 설형할 수 있는 것은 11가지를 포함한다고 하였다. 旧信息 〉 新信息, 话题 〉 评论, 高指别性 〉 低指别性, 指别性 〉 描写性, 高生命度 〉 低生命度, 背景 〉 图像, 框架 〉 焦点, 大单位 〉 小单位, 全部 〉 部分, 大数目 〉 小数目, 有界 〉 无界 등을 포함한다.

의 인지현저성을 통해 한국어 격조사 '에'가 위치 의미를 부각시키는 위치에 있는 위치 격조사라는 사실을 해석할 것이다.

그리고 격조사 '에'는 실제 생활에서 사용되는 예를 말뭉치를 통해 선택한다. 위에 분류한 세 가지 다른 위치에서 나타난 '에'의 실현과 비실현 현상의 빈도와 특징을 밝힐 것이다. 구체적으로 언어 내부(합성어 내부), 문장 내부(문형 내부, 문장 내부 구의 공기 현상), 문장 외부 언어 화용(문장 외부 문장 성분, 생략문)을 통해 다른 실현과 비실현 현상에 대해 분류한다(任倩倩2018:4).[3] 그 다음에 반드시 실현해야 함(必现), 실현 빈도 높고 비실현 빈도 낮음(多现少隐), 실현과 비실현 빈도 비슷함(现隐平衡), 실현 빈도 낮고 비실현 빈도 높음(多隐少现), 반드시 비실현해야 함(必隐)으로 나누어 있다.

제3장은 한국어 격조사 '에'의 실현과 비실현 현상의 표현 양상을 분석할 것이다. 제2장 내용을 근거하여 언어유형론과 인지언어학적인 이론을 통해 실현과 비실현 현상의 원인을 분석한다. 구체적으로 격표지이론(格标记理论), 도상성 이론, 언어 경제성 이론 및 인지 현저성 이론 등이다. 다른 위치에 있는 다른 실현과 비실현 현상은 항상 일치하지 않아 비대칭적인 성질이 있다. 위치 격조사 '에'가 실현과 비실현 현상에

3 합성어 내부란 실현과 비실현 현상은 단어 내부에 나타난 경우이다. 문형 내부란 다른 관용 문형 내부의 '에'의 실현과 비실현 현상다. 문장 내부 구의 공기란 구를 사용할 때 고정적인 공기 관계에서 '에'의 실현과 비실현이다. 문장 외부 문장 성분이란 합성어, 문형 등 문장 내부의 시각으로 본류한 개념이다. 문장 외부로 보면 문장 성분과 생략문으로 나눌 수 있다. 생략문 내부 '에'의 실현과 비실현을 파단하는 기준은 문장의 완전 정도를 고려하거나 생략문 형식과 부합하는지 고려해야 한다.

서 나타난 특징을 밝힐 것이다.

제4장은 결론이다. 제2장부터 제3장까지의 논의를 정리하고 아직 남아 있는 문제와 앞으로 연구 방향을 제시할 것이다.

예문 출처는 다음과 같다.

(1) 국립국어원의 한국어 학습자 말뭉치 나눔터

(2) 연세 말뭉치 용례 검색 시스템

(3) 꼬꼬마 세종 말뭉치 활용 시스템

언어 자료의 주관성을 피하기 위해 본고의 예문은 말뭉치와 이미 출판된 책에서 나오고 그 외의 예문은 각주에서 설명하겠다.

# 2

# '에'의 본질적인 의미 및 실현 여부 현상

# 제2부 '에'의 본질적인 의미 및 실현 여부 현상

선행연구에서 안병희(1966), 이남순(1987)이 '에'를 정격으로 보는 것부터 목정수(2003,2009), 고석주(2011)이 후치사로 보는 것까지 관점이 다르다. 본고는 '에'가 주로 부사격을 표지하는 기능이 있어서 격조사라는 관점을 따른다. 고석주(2011)에서 '에'는 배경 의미를 표시하는 것이라는 관점을 동의하지 않는다.

다른 문장에 따라 배경 의미를 표시하는 것이 다르다. 문장이 제공하는 배경 안에 '에' 앞에 비활동체가 문장에서 차지하는 위치를 부각시키는 것은 '에'로 통해 실현된다. '에'가 나타나면 그 위치를 부각시킨다. 즉, '에'의 본질적인 의미는 위치를 표시하는 것이다. 사람들이 말하는 다양한 의미는 사실은 이 본질적인 의미부터 출발하여 다른 의미까지 확장하는 것이다고 생각한다. 즉, 'NP1 NP2에 V/Adj' 안에서 '에'는 'NP1, NP2, V/있다' 간의 관계를 표시한다.

'에'의 의미에 관한 연구의 역사가 아주 길다. 본고는 일부 사전과 책에서 나오는 관점을 선택한다. 대표적인 의미를 수집하고 본질적인 의미를 분석할 것이다.

본고에서 선택하는 사전은「표준국어 대사전」(1999),「고려대 한국어대사전」(2009),「국어대사전」(2009),「국어대사전」금성판(1993) 등이다. 문법책은「우리말 문법론」(2018),「사전식 텍스트분석적 국어 조사의 연구」(1998) 등이 있다.

〈표 1〉 사전과 문법책에서 나오는 '에'의 의미

| 이름 | 의미 | 수량 |
|---|---|---|
| 표준국어대사전 | ①앞말이 처소의 부사어임을 나타내는 격 조사. ②앞말이 시간의 부사어임을 나타내는 격 조사. ③앞말이 진행 방향의 부사어임을 나타내는 격 조사. ④앞말이 원인의 부사어임을 나타내는 격 조사. ⑤앞말이 어떤 움직임을 일으키게 하는 대상의 부사어임을 나타내는 격 조사. ⑥앞말이 어떤 움직임이나 작용이 미치는 대상의 부사어임을 나타내는 격 조사. ⑦앞말이 목표나 목적 대상의 부사어임을 나타내는 격 조사. ⑧앞말이 수단, 방법 따위의 대상이 되는 부사어임을 나타내는 격 조사. ⑨앞말이 조건, 환경, 상태 따위의 부사어임을 나타내는 격 조사. ⑩앞말이 기준되는 대상이나 단위의 부사어임을 나타내는 격 조사. ⑪앞말이 비교의 대상이 되는 부사어임을 나타내는 격 조사. ⑫앞말이 말아보는 자리나 노릇의 부사어임을 나타내는 격 조사. ⑬앞말이 제한된 범위의 부사어임을 나타내는 격 조사. ⑭((‘관하여(관한)’, ‘대하여(대한)’, ‘의하여(의한)’, ‘있어서’따위와 함께 쓰여)) 앞말이 지정하여 말하고자 하는 대상의 부사어임을 나타내는 격 조사. ⑮앞말이 무엇이 더하여지는 뜻의 부사어임을 나타내는 격 조사. | 15 |
| 국어대사전<br>(이희승편) | 명사 아래에 붙어. ①처소, 때, 대상 등. ②진행 방향. ③원인을 나타내는 부사격 조사. ④두 개 이상의 체언을 동등 자격으로 열거하는 접속 조사. | 4 |

| | | |
|---|---|---|
| 국어대사전<br>(금성판) | ①처소. ②때. ③진행 방향. ④원인. ⑤어떤 동작이나 행동의 영향을 입은 대상. ⑥어떤 행동이나 상태가 이루어지는데 필요한 간접적인 대상를 나타내는 부사격 조사. ⑦두 가지 이상의 체언을 같은 자격으로 이어 주는 접속 조사. ⑧'에다가'의 준말. ⑨〈옛〉음성 모음의 체언에 붙어, 장소를 나타내는 조사. | 9 |
| 고려대한국어<br>대사전 | 체언의 뒤에 붙어 ①어떤 사물이 존재하거나 나타나는 장소임. ②어떤 행동이 미치는 대상임. ③판단이나 비교의 기준 또는 기준이 되는 단위임. ④동작이나 상태가 미치는 한도임. ⑤맡는 자리나 역할임. ⑥어떤 일이 일어나거나 행동이 이루어지는 때임. ⑦행동이나 동작의 원인임. ⑧어떤 일의 조건, 상태, 상황 등임. ⑨두 가지 이상의 사물을 같은 자격으로 나열 하여 보이는 뜻. ⑩그 의미를 더욱 강조하는 뜻을 나타내는 부사격 조사. ⑪앞 체언을 뒤의 체언을 첨가하거나 누적하는 뜻. ⑫'관하여, 대하여, 의하여, 있어서' 따위와 함께 쓰여, 앞의 체언이 지정하여 말하고자하는 소재나 대상임을 나타내는 부사격 조사. | 12 |
| 우리말큰 사전 | 임자씨에 붙어 ①어떤 곳, 때, 대상 따위를 나타내는 자리토. ②움직임의 때. ③움직임의 닿는 데. ④움직임을 일으키게 하는 대상. ⑤움직임(작용)이 미치는 대상. ⑥까닭. ⑦목표나 목적 대상. ⑧수단, 방법 따위로 되는 대상. ⑨조건, 환경, 상태 따위로 됨. ⑩기준되는 대상이나 단위를 나타낸다. ⑪견주는 대상의 앞 말에 붙어 쓰인다. ⑫여러 가지는 벌여 들 적에 쓰인다. ⑬맡는 자리나 노릇을 나타낸다. ⑭'관하여, 대하여, 의하여, 있어서' 들과 함께 쓰이어, 지정하여 말하고자 하는 대상에 붙어 쓰인다. | 14 |
| 우리말문법론 | ①처소(낙착점). ②처소(지향점). ③단위. ④시간. ⑤원인. | 5 |
| 사전식 텍스트<br>분석적국어<br>조사의 연구 | ①장소,자리를 나타냄. ②대상을 나타냄. ③기준을 나타냄. ④자격을 나타냄. ⑤원인,이유를 나타냄. ⑥도구나 수단을 나타냄. ⑦시간을 나타냄. ⑧첨가를 나타냄. ⑨단의를 나타냄. ⑩강조함을 나타냄. | 10 |

〈표 1〉에서 나오는 의미를 정리한 결과 '장소', '시간', '원인'에 관한 의미는 사전이나 문법책에서 제일 많이 나타난다. 두번째 많이 나타나는

것은 '대상'이라는 의미이다. ('움직임을 일으키게 하는 대상', '어떤 움직임이나 작용이 미치는 대상', '앞말이 목표나 목적 대상', '관하여, 대하여, 의하여, 있어서' 등과 함께 쓰이어, 지정하여 말하고자 하는 대상을 포함한다.) 세번째 많이 나타난 것은 '단위/표준'과 '첨가'이다. 네번째는 '진행 방향', '역할/자격', '나열' 등이다. 그 다음 많이 나타난 것은 '수단/방법', '조건/환경/상태'이고 제일 적게 나타나는 것은 '강조', '범위', '비교/비유' 등이다.

다시 정리하면 '에'의 사용 범위가 넓은 의미에서 14가지로 나눌 수 있다. 즉, '장소', '시간', '원인', '대상', '단위/표준', '첨가', '진행 방향', '역할/자격', '나열', '수단/방법', '조건/환경/상태', '강조', '범위', '비교/비유' 등이다.

본고는 '에'의 14가지의 의미를 공간 위치, 시간 위치, 추상 관계 위치[4]로 분류한다. 말뭉치를 통해 그 실현 여부 경우를 살펴볼 것이다. 그리고 그 표현 유형과 형식을 정리하겠다.

4 본고에서 '에'가 표시되는 위치가 모두 앞에 있는 비활동체 위치라고 생각한다.

## 2.1 공간 위치[5]

앞에서 언급한 것과 같이 '에'의 본질적인 의미는 '위치'라는 것을 알았다. '위치'의 원형은 바로 공간 위치이다. 맹경흠(2016)에 따라 공간 위치에 대한 분류는 다음과 같다. 공간적인 접촉을 원형으로 보면 표면 접촉(수평적인 표면 접촉과 수직적인 표면 접촉으로 나눈다고 했음), 부착 접촉, 포함 접촉 및 동태 접촉으로 나누어 있다고 한다. 본고는 사람들의 인지 순서와 접수 정도, 그리고 사람들의 실질적인 공간성 접촉의 유형을 고려하여 다시 분류한다. 표면 접촉은 사실은 부착 접촉을 포함해서 같이 표면 접촉으로 정리한다.[6] 동적 접촉은 동적 원위치 접촉, 동적 단일 방향 접촉과 동적 양방향 접촉으로 나누어 있다. 따라서 본고는 공간성 접촉을 원형으로 기본적인 분류는 정적인 것과 동적인 것으로 나누겠다. 정적인 것은 표면 접촉(수평 접촉과 수직 접촉), 포함 접촉, 인접 접촉으로 나눈다. 동적인 것은 동적 원위치 접촉, 동적 단일 방향 접촉과 동적 양방향 접촉으로 나눈다.

---

5 단어마다 예를 정리할 때 꼬꼬마 말뭉치에서의 예를 선택하여 연구한다. 단어와 관한 예가 2000개 넘으면 2000개를 선택한다. 2000개보다 적으면 모든 예를 연구 대상으로 삼는다. 선택하는 예가 꼬꼬마 말뭉치 중의 예가 아닐 때 다시 설명할 것이다.

6 표면 접촉에 속한 수평적 접촉과 수직적 접촉은 모두 부착 접촉을 포함한다고 생각한다. 사물 내부에 있는 것이다. 예를 들면 '옷장 안에 있다'는 여전히 옷장 내부의 표면을 접촉한다고 말할 수 있다. 동적 접촉은 양방향 접촉을 주의하지 않으면 안 된다. 반복하고 주기적인 행위도 고려해야 한다.

### 2.1.1 공간 위치의 의미 분석

'에'는 장소를 표시할 때 주로 'NP1 NP2에 V/Adj'로 표시할 수 있다.

예 그가 살고 있던 지방은 강 가까이에 있었다.[7]

예문에서 '그가 살고 있던 지방'이 차지하는 위치는 '강 가까이'에 있다. '지방'은 전경으로 되어 '강 가까이'의 범위 내에 있고 포함되는 관계다. '에'가 나타나는 것은 '지방'과 '강 가까이'를 연결하여 '지방'이 차지하는 위치를 표시한다. 문장에서의 '강 가까이'는 배경이 된다.

예문은 그림으로 표시하면 다음과 같다.

**〈그림 1〉** 공간 위치에서 전경과 배경 간의 위치 관계

'그가 살고 있던 지방'의 작은 박스는 '강 가까이'가 된 배경에서 차지하는 위치는 '에'로 표시하는 것으로 볼 수 있다.

그래서 예전에 학교 문법에서 '에'의 의미가 '장소'를 표시하는 것은 사실은 '에'로 연결하는 앞과 뒤의 성분 간의 의미 관계를 '에'의 의미로 본 것이다. 사실상 '에'는 문장에서 NP1(전경)이 NP2(배경)차지하는 위치를

7 객관성을 지키기 위해 단의성 의미를 밝힐 때 선택하는 예가 모두 「텍스트분석적 국어 조사의 연구」에서 가져온 것이다.

표지한다.

### 2.1.2 표면 접촉

#### 2.1.2.1 수평적 접촉

수평적 접촉이란 사물이 수평적으로 서로 접촉하는 뜻이다. 대표적인 단어는 '있다, 앉다, 모이다, 붙다' 등이다.

그림으로 표시하면 다음과 같다.

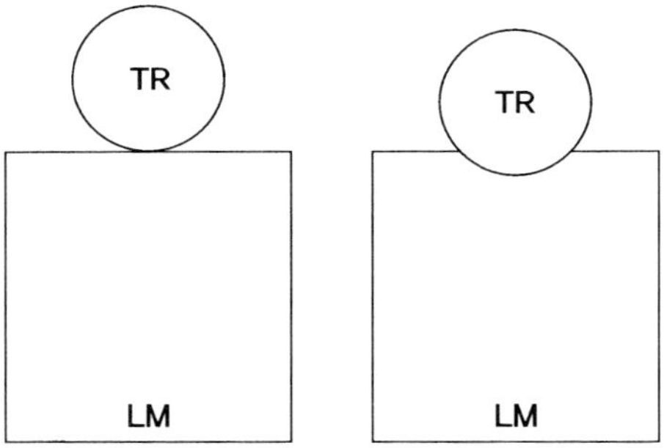


**〈그림 2〉** 수평적인 접촉의 영상도식 (출처: 맹경흠(2016:334,337))

꼬꼬마 말뭉치에서 대응되는 단어를 입력하여 검색한 후 나타난 유형을 통계하였다.

**(1) '앉다'의 경우**

'앉다'의 경우는 '앉다' 앞에 '에'가 실현되는 것과 비실현되는 것으로 나눌 수 있다. 표현 유형은 모두 문장 외부 문장 성분 중의 실현과 비실현 현상이다. 수집한 자료에 따르면 '앉다' 앞에 '에'의 실현 여부 표현 양상은 실현되는 것의 빈도와 비실현되는 것의 빈도가 비슷하다.

우선 '앉다' 앞에 '에'가 실현된 경우이다. '에'가 나타나는 위치는 문장 앞, 문장 중, 문장 말이다.

예 ㄱ. 뒷자리**에** 앉은 남자 두 사람이 내내 뱀 이야기를 하면서 오고 있었다.

ㄴ. 냇둑의 양지바른 풀섶**에** 앉아 있다가 무슨 일 때문인지 물이 찔꺽거리는 자갈바닥으로 철퍼덕 소리를 내며 떨어진 것이었다.

ㄷ. 그래도 방이 두 개에 마루 흉내를 낸 널쪽이 앞쪽에 붙어 있는 한 일자 형인데 황만근은 집에 있을 때면 늘 그곳**에** 앉아 있었다.

다음으로 '앉다' 앞에 '에'가 비실현되는 경우이다. 문장 중과 문장 말에 나타나는 현상이다.

예 ㄱ. 이 비참한 사건은 함께 있어야 할 두 사람이 떨어져서 이브 홀로 선악과나무 **아래 앉아** 있을 때부터 시작되었다.

ㄴ. "너희들 **거기 앉아**."

### (2) '모이다'의 경우

'모이다'는 앞에 '에'가 실현되는 경우와 비실현되는 경우가 모두 있다. 표현 유형으로 보면 모두 문장 외부 문장 성분 중의 실현과 비실현 현상이다. 수집한 자료에 따르면 '모이다' 앞에 '에' 실현 여부 표현 양상은 실현되는 빈도가 낮고 비실현되는 빈도가 높다.

우선 '모이다' 앞에 '에'가 실현되는 경우이다. '에'가 나타나는 위치는 문장 앞, 문장 중, 두 가지가 있다.

예 ㄱ. **그곳에 모인** 사람들의 눈길이 일제히 사내를 쏘아보고 있었다.
ㄴ. 잊지 않고 떡과 미역국을 끓이고 이웃과 친척이 **한자리에 모여** 이 날을 축하하였다.

다음으로 '모이다' 앞에 '에'가 비실현되는 경우이다. 이런 경우는 문장 중과 문장 말에 나타난다.

예 ㄱ. 32년을 자란 13미터 남짓한 오동나무가 베어 넘어질 때 **거기 모여 선** 사람들이 웃으면서 합창했다.
ㄴ. 아시아 감리교인 **한자리 모인다**.

(3) **'붙다'의 경우**

'붙다'의 앞에 '에'가 실현되는 경우와 비실현되는 경우가 모두 있다. 표현 유형은 모두 문장 외부 문장 성분 중의 실현과 비실현 현상이다. 수집한 자료에 따르면 '붙다' 앞에 '에'의 실현 여부 표현 양상은 실현되는 것의 빈도가 높고 비실현되는 것의 빈도가 낮다.

우선 '붙다' 앞에 '에'가 실현되는 경우는 대부분은 문장 중에 나타난다.

예 비대한 몸집의 여자가 상체를 출렁거리면서 뛰어와 **버스에 붙은** 종이를 확인하고는 땀을 닦았다.

다음으로 '붙다' 앞에 '에'가 비실현되는 경우는 대부분은 문장 중에 나타나고 일부는 문장 말에 나타난다.

예 ㄱ. 유리가 쪽이불처럼 **조각조각 붙은** 출입문을 열어젖히고 해숙이 금방 뛰어나올 것만 같은 예감이 소름처럼 그의 가슴을 서늘하게 했다.

ㄴ. 저런 나라는 도대체 **어디 붙었을까**.

다른 단어에서 '에'의 실현과 비실현 경우는 다음과 같다.

**〈표 2〉** 수평적 접촉에서 대표적인 단어의 경우

| 단어 | 실현의 위치 | 비실현의 위치 | 실현과 비실현의 표현 양상 | 실현과 비실현의 표현 유형 |
|---|---|---|---|---|
| 앉다 | 문장 앞, 문장 중, 문장 말 | 문장 중, 문장 말 | 실현과 비실현의 빈도가 비슷함 | 문장 외부의 문장 성분 |
| 모이다 | 문장 앞, 문장 중 | 문장 중, 문장 말 | 실현 빈도 낮고 비실현 빈도 높음 | 문장 외부의 문장 성분 |
| 붙다 | 문장 중 | 문장 중, 문장 말 | 실현 빈도 높고 비실현 빈도 낮음 | 문장 외부의 문장 성분 |
| 계산 | 문장 앞2, 문장 중3, 문장 말1 | 문장 중3, 문장 말3 | 실현과 비실현의 빈도가 비슷함1, 실현 빈도 낮고 비실현 빈도 높음1, 실현 빈도 높고 비실현 빈도 낮음1 | 문장 외부의 문장 성분3 |

〈표 2〉를 보면 수평적 접촉에서 대표적인 단어가 많은데 실현과 비실현의 유형은 단일하다. 실현과 비실현의 표현 양상이 상대적으로 다양하다. 반드시 실현해야 함과 반드시 비실현되는 경우가 없다. '에'의 실현 위치는 문장 중인 경우가 제일 많고 비실현의 위치는 문장 말인 경우가 제일 많다. 실현과 비실현의 표현 양상은 실현 빈도가 높고 비실

현 빈도가 낮은 경우가 제일 많다. 실현과 비실현의 유형은 모두 문장 외부의 문장 성분이다.

#### 2.1.2.2 수직적 접촉

수직적 접촉이란 수직 평면에서 물체들이 서로 접촉하는 것을 말한다. 여기서 주로 단어 '기대다' 앞에 '에'가 실현 여부 경우를 살펴볼 것이다.

그림으로 표시하면 다음과 같다.

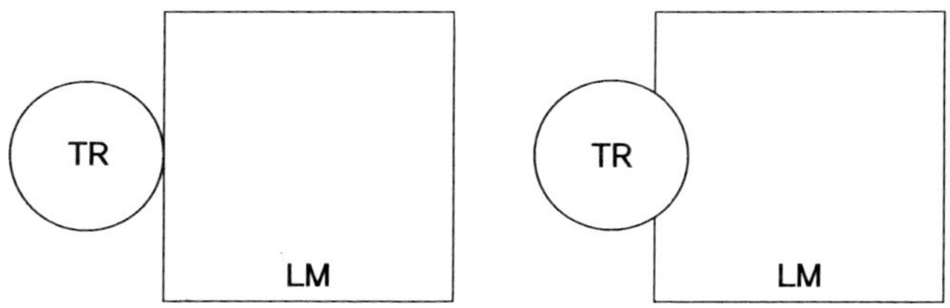


〈그림 3〉 수직적인 접촉의 영상도식 (출처: 맹경흠(2016:335,337))

**(1) '기대다'의 경우**

꼬꼬마에서 '기대다' 앞에 '에'가 실현 여부 경우는 두 가지 있다. 표현 유형은 외부 문장 성분의 실현과 비실현이다. 수집한 자료에 따르면 '기대다' 앞에 '에' 실현 여부의 표현 양상은 실현되는 빈도가 높고 비실현되는 빈도가 낮다.

우선 '기대다' 앞에 '에'가 실현되는 경우이다. 대부분은 문장 중에 나타난다.

예 그는 차창 **틀에 기댔던** 윗몸을 뒤척이었다.

다음으로 '기대다' 앞에 '에'가 비실현되는 경우이다. 이런 경우가 잘 나타나지 않아서 수집한 예가 하나밖에 없다. 문장 중에 나타난다.

예 석방 포로 이명준은, 오른편에 곧장 갑판으로 통한 사닥다리를 타고 내려가, 배 뒤쪽 난간에 가서, **거기 기대어** 선다.

'기대다'의 실현과 비실현 형식과 유형은 다음과 같다.

**〈표 3〉 수직적 접촉에서 대표적인 단어의 경우**

| 단어 | 실현의 위치 | 비실현의 위치 | 실현과 비실현의 표현 양상 | 실현과 비실현의 표현 유형 |
|---|---|---|---|---|
| 기대다 | 문장 중 | 문장 중 | 실현 빈도 높고<br>비실현 빈도 낮음 | 문장 외부의<br>문장 성분 |
| 계산 | 문장 중1 | 문장 중1 | 실현 빈도 높고<br>비실현 빈도 낮음1 | 문장 외부의<br>문장 성분1 |

〈표 3〉을 통해 수직적 접촉을 표현할 때 대표적인 단어는 수평적 접촉보다 다양하지 않다. '에'의 경우는 실현과 비실현의 위치가 모두 문장 중이다. 실현과 비실현의 표현 양상은 모두 실현 빈도가 높고 실비현 빈도가 낮다. 실현과 비실현의 유형은 모두 문장 외부의 문장 성분이다.

### 2.1.3 포함 접촉

포함 접촉은 A물체가 B물체에 포함되는 관계를 말하는 것이다. 공간 위치도 같은 관계를 가지고 있다. '있다, 위치하다, 없다' 등 단어는 모두 포함 접촉을 표현할 수 있다. 본고는 '위치하다, 없다'를 살펴볼 것이다.

그림으로 표시하면 다음과 같다.

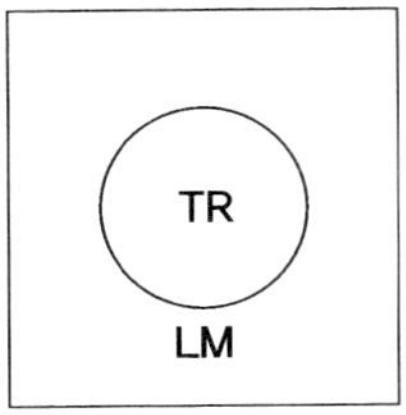


**〈그림 4〉** 포함 접촉의 영상도식 (출처: 맹경흠(2016:338))

### (1) '위치하다'의 경우

'위치하다' 앞에 '에'가 실현되는 경우와 비실현되는 경우가 모두 있다. 표현 유형은 모두 문장 외부 문장 성분의 실현과 비실현이다. 수집한 자료에 따르면 '위치하다' 앞에 실현되는 것과 비실현되는 표현 양상이 있다. 실현되는 빈도가 높고 비실현되는 빈도가 낮다.

우선 '위치하다' 앞에 '에'가 실현되는 경우이다. 대부분은 문장 중에 나타난다.

> 예 즉 사례는 큰 사회체계 내에서 개인이 **어디에 위치하고** 있는지 알려 주었다.

다음으로 '위치하다' 앞에 '에'가 비실현되는 경우이다. 대부분은 문장 중에 나타난다.

> 예 무사히 국경을 넘은 일행은 사막 **한가운데 위치한** 클럽으로 간다.

### ⑵ '없다'의 경우

'없다'의 예문이 아주 많아서 랜덤하는 식으로 예문을 선택하였다. '없다' 앞에 '에'의 실현 여부 경우는 하나밖에 없다. 표현 유형은 문장 외부 문장 성분의 실현이다. 수집한 자료에 따르면 '없다'의 실현되는 표현 양상은 반드시 실현 뿐이다.

예문 (ㄱ)와 (ㄴ)는 '없다' 앞에 '에'가 실현되는 경우이다. 대부분은 문장 중과 문장 말에 나타난다.

> 예 ㄱ. 별님이는 새댁이 **집에 없으니**, 엄마가 휴대 전화에 전화할 것이라는 생각이 들었습니다.
> ㄴ. 지금은 한국 고사포부대는 **거기에 없다**.

그 외의 단어 앞의 '에'가 실현되는 경우와 비실현되는 경우는 다음과 같다.

**〈표 4〉** 포함 접촉에서 대표적인 단어의 경우

| 단어 | 실현의 위치 | 비실현의 위치 | 실현과 비실현의 표현 양상 | 실현과 비실현의 표현 유형 |
|---|---|---|---|---|
| 위치하다 | 문장 중 | 문장 중 | 실현 빈도 높고 비실현 빈도 낮음 | 문장 외부의 문장 성분 |
| 없다 | 문장 중, 문장 말 | – | 반드시 실현해야 함 | 문장 외부의 문장 성분 |
| 계산 | 문장 중2, 문장 말 1 | 문장 중1 | 실현 빈도 높고 비실현 빈도 낮음1, 반드시 실현해야 함 1 | 문장 외부의 문장 성분2 |

〈표 4〉를 보면 알 수 있듯이, 포함 접촉에서 실현과 비실현의 위치는

문장 중과 문장 말에 있다. 실현과 비실현의 표현 양상은 실현되는 빈도가 높고 비실현되는 빈도가 낮은 것과 반드시 실현되는 것 등 두 가지 있다. 실현과 비실현의 유형은 문장 외부 문장 성분이다.

### 2.1.4 인접 접촉

물체 간의 공간 위치는 서로 가까운 것이라는 것은 인접 접촉이라고 한다. 대표적인 형식은 '놓다, 잇다, 맡에NP, 위에NP' 등이다. 본고는 '놓다, 잇다'의 경우를 살펴볼 것이다.

인접 접촉의 영상도식은 그림으로 보면 다음과 같다.

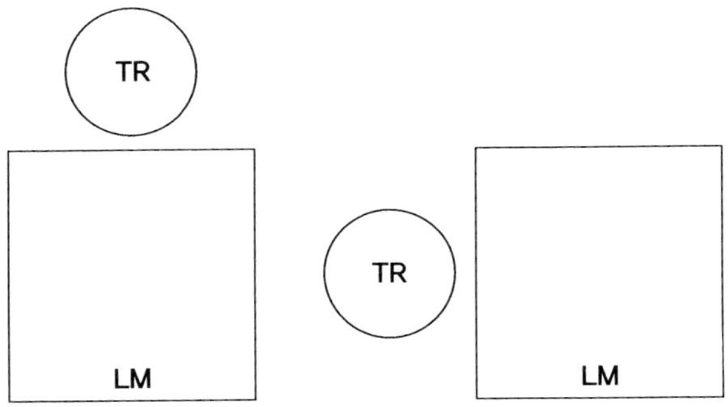


**〈그림 5〉** 인접 접촉의 영상도식 (출처: 맹경흠(2016:340))

#### (1) '놓다'의 경우

꼬꼬마에서 '놓다' 앞에 '에'가 실현 여부 경우는 두 가지 있다. 표현 유형은 모두 문장 외부의 문장 성분이다. 수집한 자료에 따르면 '놓다' 앞에 '에'가 실현되는 것과 비실현되는 것이다. 표현 양상은 실현되는 빈도가 높고 비실현되는 빈도가 낮다.

우선 '놓다' 앞에 '에'가 실현되는 경우이다. 대부분 문장 중에 나타난다.

예 죽음이라는 현실을 **앞에 놓고** 죽음을 망각한 척 행동하는 것은, 하나의 현실 도피에 불과하다.

다음으로 '놓다' 앞에 '에'가 비실현되는 경우이다. 대부분 문장 말에 나타난다.

예 ㄱ. "네 네, **거기 놓으세요**."

### (2) '잇다'의 경우

'잇다' 앞에 '에'의 실현과 비실현 경우는 두 가지 있다. 표현 유형은 모두 문장 외부의 문장 성분의 실현과 비실현이다. 수집한 자료에 따르면 '잇다' 앞에 '에'가 실현되는 것과 비실현되는 것의 표현 양상은 모두 실현되는 빈도가 높고 비실현되는 빈도가 낮다.

우선 '잇다' 앞에 '에'가 실현되는 경우이다. 대부분 문장 앞과 문장 중에 나타난다.

예 ㄱ. **중국에 이어** 아시아에서 두번째 큰 나라이고 다민족·다종교, 그 위에 계급 제도가 있는 복잡한 생활 양식을 지닌 나라다.

ㄴ. 한국은 지난해 내수 127만대 규모로 **일본에 이어** 아시아에서는 두번째 큰 시장.

다음으로 '잇다' 앞에 '에'가 비실현되는 경우이다. 대부분 문장 중에 나타난다.

예 그러나 그 엇갈림은 정도의 차이일 뿐 7월 27일의 OPEC 원유 공시가 인상 결정과 그에 **뒤 이은** 쿠웨이트 사태가 고유가 시대를 앞당기는 연관 있는 시발이 될 것이라는 데에는 전문가들의 의견이 거의 일치하고 있다.

그 외의 단어 앞에 '에'가 실현되는 경우와 비실현되는 경우는 다음과 같다.

〈표 5〉 인접 접촉에서 대표적인 단어의 경우

| 단어 | 실현의 위치 | 비실현의 위치 | 실현과 비실현의 표현 양상 | 실현과 비실현의 표현 유형 |
|---|---|---|---|---|
| 놓다 | 문장 중 | 문장 말 | 실현 빈도 높고 비실현 빈도 낮음 | 문장 외부의 문장 성분 |
| 잇다 | 문장 앞, 문장 중 | 문장 중 | 실현 빈도 높고 비실현 빈도 낮음 | 문장 외부의 문장 성분 |
| 계산 | 문장 앞1, 문장 중2 | 문장 중1, 문장 말1 | 실현 빈도 높고 비실현 빈도 낮음2 | 문장 외부의 문장 성분2 |

〈표 5〉를 보면 알 수 있듯이 인접 접촉에서 '에'가 실현과 비실현의 위치는 대부분 문장 중에 나타난다. 실현과 비실현의 표현 양상은 실현되는 것의 빈도가 높고 비실현되는 것의 빈도 낮다. 유형은 문장 외부의 문장 성분이다.

### 2.1.5 동적 접촉[8]

#### 2.1.5.1 동적 원위치 접촉

어느 공간 위치에서 어떤 동작을 발생한다는 것은 동적 원위치 접촉이라고 한다. 동적 원위치 접촉을 표현하는 단어는 '발생하다, 살다, 머무르다, 거처하다, 등장하다, 출현하다' 등이 있다. 본고는 '살다, 머무르다, 거처하다, 등장하다, 출현하다'의 경우를 살펴볼 것이다.

그림으로 보면 다음과 같다.

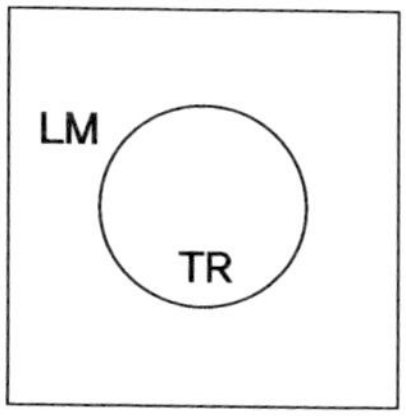


**〈그림 6〉** 동적 원위치 접촉의 영상도식

#### (1) '살다'의 경우

꼬꼬마에서 '살다' 앞에 '에'의 실현 여부 경우는 두 가지 있다. 실현과 비실현의 표현 유형은 모두 문장 외부 문장 성분이다. 수집한 자료에 따르면 '살다'의 표현 양상은 실현되는 빈도가 높고 비실현되는 빈도가

8 동적 접촉에서 수집한 예는 이미 추상 관계 위치 중의 진행 방향 의미 위치를 포함한다. 동적 접촉에서 나타나는 공간 위치는 구체적인 위치와 추상적인 위치를 포함하기 때문에 본고에서 다시 진행 방향 의미에 대해 자세히 연구하지 않고 제3장에서도 분석하지 않겠다.

낮다.

우선 '살다' 앞에 '에'가 실현되는 경우이다. 대부분 문장 앞과 문장 중에 나타난다.

예 ㄱ. **땅에 사는** 뭇짐승 곤충, 날짐승, 바다의 물고기를 보라.
ㄴ. 수산 시장에서도 **물속에 살아** 움직이는 물고기들에게 산소를 공급하던 장치가 멈춰 수천 마리가 떼죽음을 당했다.

다음으로 '살다' 앞에 '에'가 비실현되는 경우이다. 대부분은 문장 중에 나타난다.

예 십여 년 전 **감옥 살** 때에 단식 투쟁이란 걸 했는데 정말 사람이 할 짓이 아니었다.

### (2) '머무르다'의 경우

꼬꼬마에서 '머무르다' 앞에 '에'의 실현 여부 경우는 두 가지 있다. 표현 유형은 모두 문장 외부 문장 성분이다. 수집한 자료에 따르면 '머무르다' 앞에 '에'의 실현되는 것과 비실현되는 것의 표현 양상은 실현되는 것의 빈도가 높고 비실현되는 빈도가 낮다.

우선 '머무르다' 앞에 '에'가 실현되는 경우이다. 대부분 문장 앞과 문장 중에 나타난다.

예 ㄱ. **모스크바에 머무르는** 동안 어머니는 매일 아침부터 저녁까지 밖으로 나다니며 쇼핑하느라 바빴기 때문에 나는 도맡아서 동생들을 돌보아야 했다.

ㄴ. 수은주가 삼십삼 **도에 머물러** 있던 어느 날이었다.

다음으로 '머무르다' 앞에 '에'가 비실현되는 경우이다. 대부분 문장 중에 나타난다.

예 이 되살아난 시간은 얼마나 오래 **여기 머물러** 있을까.

### (3) '거처하다'의 경우

꼬꼬마에서 '거처하다' 앞에 '에'의 실현 여부 경우는 두 가지 있다. 표현 유형은 모두 문장 외부 문장 성분 뒤에 '에'가 실현과 비실현 현상이다. 수집한 자료에 따르면 '거처하다' 앞에 '에'의 실현 여부의 표현 양상은 실현되는 것의 빈도가 높고 비실현되는 빈도가 낮다.

우선 '거처하다' 앞에 '에'가 실현되는 경우이다. 대부분 문장 중에 나타난다.

예 그는 대중 앞에서의 긴장감이나 여행을 싫어했기 때문에, 빈에 있는 자기 **집에 거처하면서** 가르치는 것과 작곡하는 것으로 시간을 보낸다.

다음으로 '거처하다' 앞에 '에'가 비실현되는 경우이다. 수집한 자료에 따르면 예문이 하나밖에 없다.

예 그들은 지위에 걸맞게 격식을 갖춘 저택에 살면서도 후원에는 검소하게 농촌을 본떠 초당을 짓고 자질(子姪)들에게는 **거기 거처하며** 공부하게 하였다.

### (4) '등장하다'의 경우

꼬꼬마에서 '등장하다' 앞에 '에'의 실현 여부 경우는 두 가지 있다. 표현 유형은 모두 문장 외부 문장 성분 뒤에 '에'의 실현과 비실현이다. 수집한 자료에 따르면 '등장하다' 앞에 '에'의 실현되는 것과 비실현되는 것의 표현 양상은 실현되는 것의 빈도가 높고 비실현되는 것의 빈도가 낮다.

우선 '등장하다' 앞에 '에'가 실현되는 경우이고 대부분 문장 중에 나타난다.

예 흔히 열리는 패션 쇼와 달리 **무대에 등장한** 모델들은 프로가 아닌 동네 주민들이었다.

다음으로 '등장하다' 앞에 '에'가 비실현되는 경우이고 대부분 문장 앞, 문장 중과 문장 말에 나타난다.

예 ㄱ. **거기 등장하는** 인물은 모두 몇 사람인가?
ㄴ. 소설을 쓸 때 **거기 등장하**는 인물의 외양이나 신체적인 특징과 말버릇·표정 등으로 그 인물의 성격을 드러내는 것은 지극히 상식적인 것이다.
ㄷ. 일본의 구로자와 아키라, 오쓰 야스지로, 타이의 허우샤 오시엔, 중국의 천카이거, 장이머우, 필리핀의 리노 브로카, 터키의 일마즈 귀니, 인도의 샤티아지트 레이 등이 **여기 등장한다**.

### (5) '출현하다'의 경우

꼬꼬마에서 '출현하다' 앞에 '에'의 실현 여부 경우는 하나밖에 없다. 표현 유형은 문장 외부 문장 성분이다. 수집한 자료에 따르면 '출현하다' 앞에 '에'의 실현 여부의 표현 양상은 반드시 실현되는 것이다.

우선 '출현하다' 앞에 '에'가 실현되는 경우이고 대부분 문장 중과 문장 말에 나타난다.

예 ㄱ. 20세기에 일어난 변화는 인류가 이 **지구 상에 출현한** 이후 몇백만 년 동안 겪은 변화를 능가한다.

ㄴ. 거대한 공업 도시가 **각지에 출현했다**.

그 외의 단어 앞에 '에'가 실현되는 경우와 비실현되는 경우는 다음과 같다.

〈표 6〉 동적 원위치 접촉에서 대표적인 단어의 경우

| 단어 | 실현의 위치 | 비실현의 위치 | 실현과 비실현의 표현 양상 | 실현과 비실현의 표현 유형 |
|---|---|---|---|---|
| 살다 | 문장 앞, 문장 중 | 문장 중 | 실현 빈도 높고 비실현 빈도 낮음 | 문장 외부의 문장 성분 |
| 머므르다 | 문장 앞, 문장 중 | 문장 중 | 실현 빈도 높고 비실현 빈도 낮음 | 문장 외부의 문장 성분 |
| 거처하다 | 문장 중 | 문장 중 | 실현 빈도 높고 비실현 빈도 낮음 | 문장 외부의 문장 성분 |
| 등장하다 | 문장 중 | 문장 앞, 문장 중, 문장 말 | 실현 빈도 높고 비실현 빈도 낮음 | 문장 외부의 문장 성분 |
| 출현하다 | 문장 중, 문장 말 | – | 반드시 실현해야 함 | 문장 외부의 문장 성분 |

| 계산 | 문장 앞2,<br>문장 중5,<br>문장 말1 | 문장 앞1,<br>문장 중4,<br>문장 말1 | 실현 빈도 높고<br>비실현 빈도 낮음4,<br>반드시 실현해야 함1 | 문장 외부의<br>문장 성분5 |
|---|---|---|---|---|

동적 원위치 접촉에서 대표할 수 있는 단어가 다양하다. 실현과 비실현 유형은 하나밖에 없고 모두 문장 외부의 문장 성분이다. 표현 양상을 보면 대부분은 실현 빈도가 높고 비실현 빈도가 낮은 것이다. 일부분은 반드시 실현되는 것이다. '에'의 실현과 비실현의 위치가 다양하고 문장 앞, 문장 중 및 문장 말이다.

#### 2.1.5.2 동적 단일방향 접촉

물체 위치의 이동은 단일방향으로 진행하는 것은 동적 단일 방향 접촉이라고 한다. 대표적인 언어가 많이 있는데 예를 들어 '떨어지다, 내리다, 가다, 오다, 도착하다, 닿다, 이르다, 넣다' 등이 있다. 본고는 '떨어지다, 내리다, 가다,오다, 도착하다'를 살펴볼 것이다.

그림으로 보면 다음과 같다.

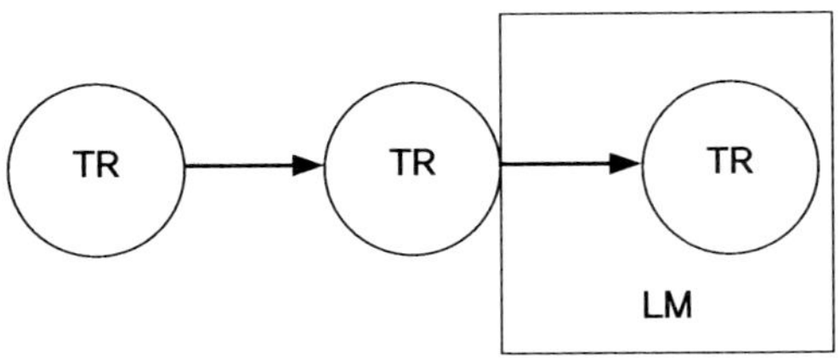


〈그림 7〉 포함 접촉의 영상도식 (출처: 맹경흠(2016:342))

### (1) '떨어지다'의 경우

꼬꼬마에서 '떨어지다' 앞에 '에'의 실현 여부 경우는 두 가지 있다. 표현 유형은 모두 문장 외부 문장 성분이다. 수집한 자료에 따르면 '떨어지다' 앞에 '에'의 실현되는 것과 비실현되는 것의 표현 양상은 실현되는 것의 빈도가 높고 비실현되는 것의 빈도가 낮다.

우선 '떨어지다' 앞에 '에'가 실현되는 경우이고 대부분 문장 앞, 문장 중과 문장 말에 나타난다.

> 예 ㄱ. **화단에 떨어진** 모과를 주우면서 "항상 향기를 간직한 사람이 되어라"하시던 선생님.
> ㄴ. 누릇누릇 물든 솔잎들이 하늘로 가지를 쭉쭉 뻗은 소나무 **밑에 떨어져** 한 뼘씩은 쌓여 있다.
> ㄷ. 그 바람에 지도가 **땅바닥에 떨어졌다**.

다음으로 '떨어지다' 앞에 '에'가 비실현되는 경우이고 대부분 문장 중에 나타난다.

> 예 가파르게 달리고 달리다가 바위 밑으로 구르거나 절벽 **아래 떨어져** 죽고 싶었다.

### (2) '내리다'의 경우

꼬꼬마에서 '내리다' 앞에 '에'가 실현 여부 경우는 두 가지 있다. 표현 유형은 모두 문장 외부 문장 성분 뒤의 실현과 비실현이다. 수집한 자료에 따르면 '내리다' 앞에 '에'가 실현되는 것과 비실현되는 것의 표현 양상은 실현되는 빈도가 높고 비실현되는 빈도가 낮다.

우선 '내리다' 앞에 '에'가 실현되는 경우이고 대부분 문장 앞, 문장 중과 문장 말에 나타난다.

예 ㄱ. **25층에 내렸을 때** 복도에는 아무도 없었다.
ㄴ. 제이슨을 따라 웰링턴 **국제공항에 내렸을** 때 솔직히 말하면 설렘과 함께 불안감이 엄습했다.
ㄷ. 그는 그 논들을 등지고 선 채 어깨에 걸치고 있던 가방을 자갈밭 **위에 내렸다**.

다음으로 '내리다' 앞에 '에'가 비실현되는 경우이다. 꼬꼬마에서 나오는 예문은 하나밖에 없다. 문장 중에 있다.

예 하여튼 오해이었거나 말거나, 지금 새삼스럽게 구의(舊誼)를 이어보고자 **여기 내린** 것은 아니다.

### (3) '가다'의 경우

꼬꼬마에서 '가다' 앞에 '에'의 실현 여부 경우는 두 가지 있다. 표현 유형을 보면 문장 외부 문장 성분 뒤에 '에'의 실현과 비실현이다. 수집한 자료에 따르면 '가다' 앞에 '에'가 실현되는 것과 비실현되는 것의 표현 양상은 실현되는 것의 빈도가 낮고 비실현되는 것의 빈도가 높다.

우선 '가다' 앞에 '에'가 나타난 경우이고 대부분 문장 중과 문장 말에 나타난다.

예 ㄱ. 개구쟁이 동무들하고 **학교에 갔다가** 오는 길에 냇둑에서 뱀을 만났다.

ㄴ. 가뜩이나 내키지 않는 일이었는데 그런 일까지 겹쳐 피곤한 몸을 이끌고 가까스로 **그곳에 갔**다.

다음으로 '가다' 앞에 '에'가 비실현되는 경우이고 대부분 문장 중에 나타난다.

예 우린 그때부터 수업 시간에 졸지 말기, 점심시간 저녁 시간마다 **도서관 가서** 공부하기 등 힘들지만 보람있는 생활을 했다.

### (4) '오다'의 경우

꼬꼬마에서 '오다' 앞에 '에'의 실현 여부 경우는 두 가지 있다. 표현 양상을 보면 모두 문장 외부 문장 성분 뒤에 '에'의 실현과 비실현이다. 수집한 자료에 따르면 '오다' 앞에 '에'가 실현되는 것과 비실현되는 것의 표현 양상은 실현되는 것의 빈도가 낮고 비실현되는 것의 빈도가 높다.

우선 '오다' 앞에 '에'가 실현되는 경우이다. 대부분 문장 중과 문장 말에 나타난다.

예 ㄱ. 그 모임은 사업이나 공무로 **한국에 와** 있는 프랑스 부인들 모임이었다.

ㄴ. 그러나 여종업원의 말에 의하면 김진성은 수렵 허가가 나지 않은 때에도 종종 **이곳에 왔다**.

다음으로 '오다' 앞에 '에'가 비실현되는 경우이다. 대부분 문장 앞, 문장 중과 문장 말에 나타난다.

예 ㄱ. **시골 오니까** 혼자서 심심해 못 견디겠다."

ㄴ. 나의 후반기 사춘기는 저 '해남 바닷가의 촌닭'이 **서울 와서** 유학하는 시절이었고, 이른바 문학소년기였다.

ㄷ. 그 사람들은 작년 이맘 때도 분명 **여기 왔었다구요**.

### (5) '도착하다'의 경우

꼬꼬마에서 '도착하다' 앞에 '에'의 실현 여부 경우는 두 가지 있다. 표현 유형은 모두 문장 외부 문장 성분 뒤에 '에'의 실현과 비실현이다. 수집한 자료에 따르면 '도착하다' 뒤에 '에'의 실현 여부의 표현 양상은 실현되는 것의 빈도가 높고 비실현되는 것의 빈도가 낮다.

우선 '도착하다' 앞에 '에'가 실현되는 경우이다. 대부분 문장 앞, 문장 중과 문장 말에 나타난다.

예 ㄱ. **보림사에 도착해서** 우리는 잠시 휴식을 취했다.

ㄴ. 우리 일행이 **면소재지에 도착하자마자** 주먹만한 함박눈이 내렸다.

ㄷ. 버스는 오후 두시가 넘어서야 **목적지에 도착했다**.

다음으로 '도착하다' 앞에 '에'가 비실현되는 경우이다. 대부분은 문장 중과 문장 말에 나타난다.

예 ㄱ. 우리가 **여기 도착했을** 때 이미 이 집은 주인을 잃고 빈집으로 남아 있었다.

ㄴ. 망명 북 외교관 부인 주초 **서울 도착할듯**.

동적 단일방향 접촉을 표현하는 단어 앞의 '에'가 실현되는 경우와 비실현되는 경우는 표를 표현하면 다음과 같다.

〈표 7〉 동적 단일방향 접촉에서 대표적인 단어의 경우

| 단어 | 실현의 위치 | 비실현의 위치 | 실현과 비실현의 표현 양상 | 실현과 비실현의 표현 유형 |
|---|---|---|---|---|
| 떨어지다 | 문장 앞, 문장 중, 문장 말 | 문장 중 | 실현 빈도 높고 비실현 빈도 낮음 | 문장 외부의 문장 성분 |
| 내리다 | 문장 앞, 문장 중, 문장 말 | 문장 중 | 실현 빈도 높고 비실현 빈도 낮음 | 문장 외부의 문장 성분 |
| 가다 | 문장 중, 문장 말 | 문장 중 | 실현 빈도 낮고 비실현 빈도 높음 | 문장 외부의 문장 성분 |
| 오다 | 문장 중, 문장 말 | 문장 앞, 문장 중, 문장 말 | 실현 빈도 낮고 비실현 빈도 높음 | 문장 외부의 문장 성분 |
| 도착하다 | 문장 앞, 문장 중, 문장 말 | 문장 중, 문장 말 | 실현 빈도 높고 비실현 빈도 낮음 | 문장 외부의 문장 성분 |
| 계산 | 문장 앞3, 문장 중5, 문장 말5 | 문장 앞1, 문장 중5, 문장 말2 | 실현 빈도 높고 비실현 빈도 낮음3, 실현 빈도 낮고 비실현 빈도 높음2 | 문장 외부의 문장 성분5 |

동적 단일 방향 접촉의 예문을 보면 대표적인 단어가 다양하다. 표현 유형은 하나밖에 없다. 모두 문장 외부 문장 성분 뒤에 '에'의 실현과 비실현의 현상이다. 표현 양상은 실현되는 것의 빈도가 높고 비실현되는 빈도가 낮은 것과, 실현되는 것의 빈도가 낮고 비실현되는 것의 빈도가 높은 것으로 나누어 있다. '에'가 실현과 비실현의 위치가 다양하다. 실

현되는 위치는 문장 중과 문장 말이다. 비실현되는 위치는 문장 중이다.

### 2.1.5.3 동적 양방향 접촉

동적 양방향 접촉이란 물체가 운동할 때 양방향의 공간 위치와 관한된 접촉이다. 대표적인 단어는 '다니다, 가다오다' 등과 같은 것이다. 본고는 '다니다'를 살펴볼 것이다.

그림으로 보면 다음과 같다.

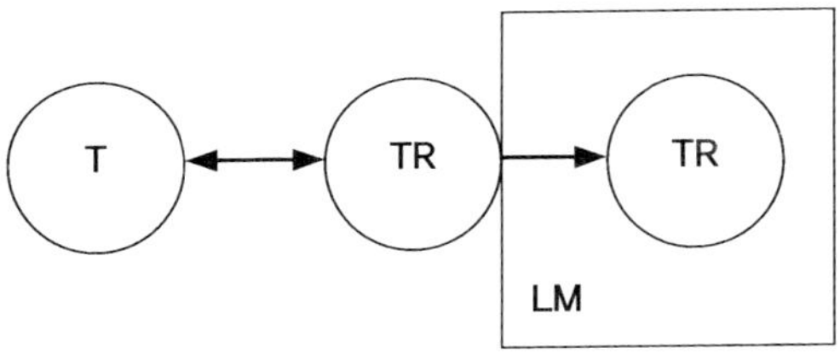


〈그림 8〉 동적 양방향 접촉의 영상도식

#### (1) '다니다'의 경우

꼬꼬마에서 '다니다' 앞에 '에'의 실현 여부 경우는 두 가지 있다. 표현 유형은 모두 문장 외부 문장 성분 뒤에 '에'의 실현과 비실현이다. 수집한 자료에 따르면 '다니다' 뒤에 '에'가 실현되는 것과 비실현되는 것의 표현 양상은 실현되는 것의 빈도가 낮고 비실현되는 것의 빈도가 높다.

우선 '다니다' 앞에 '에'가 실현되는 경우이고 대부분 문장 중에 나타난다.

예 황만근의 집에 있는 두 개의 방을 하나씩 차지한 사람들은 그의 젊은 어머니와 **고등학교에 다니는** 그의 아들이었다.

다음으로 '다니다' 앞에 '에'가 비실현되는 경우이고 대부분 문장 앞과 문장 중에 나타난다.

예 ㄱ. 직장 다니는 사람보다, 장사하는 사람들이 더 힘들어요.
ㄴ. 그 전에 교회 다닌 적도 없지, 그렇다고 예배 볼 때 꼭꼭 성경을 가르쳐 주는 일도 없지, 그렇게 지내니까 도무지 말이 안 돼요.

'다니다' 뒤에 '에'가 실현되는 경우와 비실현되는 경우는 다음과 같다.

**〈표 8〉** 동적 양방향 접촉에서 대표적인 단어의 경우

| 단어 | 실현의 위치 | 비실현의 위치 | 실현과 비실현의 표현 양상 | 실현과 비실현의 표현 유형 |
|---|---|---|---|---|
| 다니다 | 문장 중 | 문장 앞, 문장 중 | 실현 빈도 낮고 비실현 빈도 높음 | 문장 외부의 문장 성분 |
| 계산 | 문장 중1 | 문장 앞1, 문장 중1 | 실현 빈도 낮고 비실현 빈도 높음1 | 문장 외부의 문장 성분1 |

〈표 8〉을 보면 동적 양방향 접촉 경우에서 대표적인 단어가 많지 않다. '에'가 실현되는 위치는 문장 중 위치가 많고 비실현되는 위치는 문장 중과 문장 말이 있다. '에'의 실현과 비실현의 표현 양상은 실현되는 것의 빈도가 낮고 비실현되는 것의 빈도가 높은 것이 많다. '에'의 실현과 비실현의 표현 유형은 대부분 문장 외부 문장 성분이다.

공간 위치 중 '에'가 실현되는 위치는 다음과 같다.

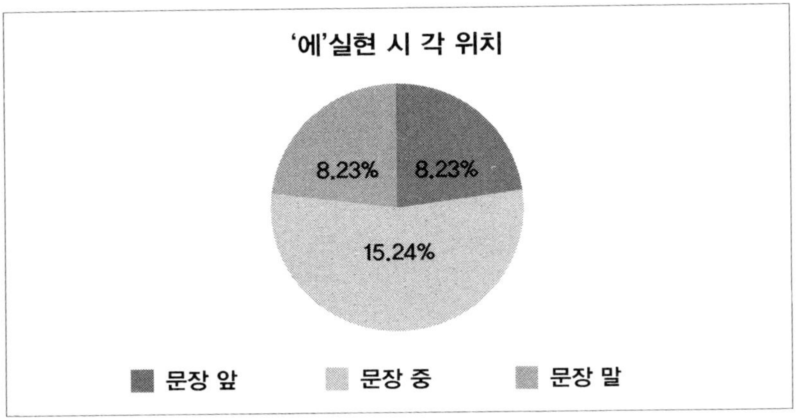


〈그림 9〉 공간 위치 중 '에'가 실현되는 위치

공간 위치 중 '에'가 비실현되는 위치는 다음과 같다.

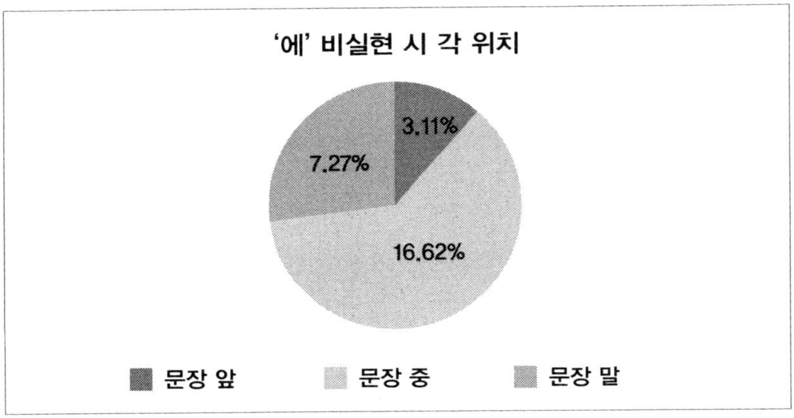


〈그림 10〉 공간 위치 중 '에'가 비실현되는 위치

공간 위치 중 '에' 실현과 비실현의 표현 양상은 다음과 같다.

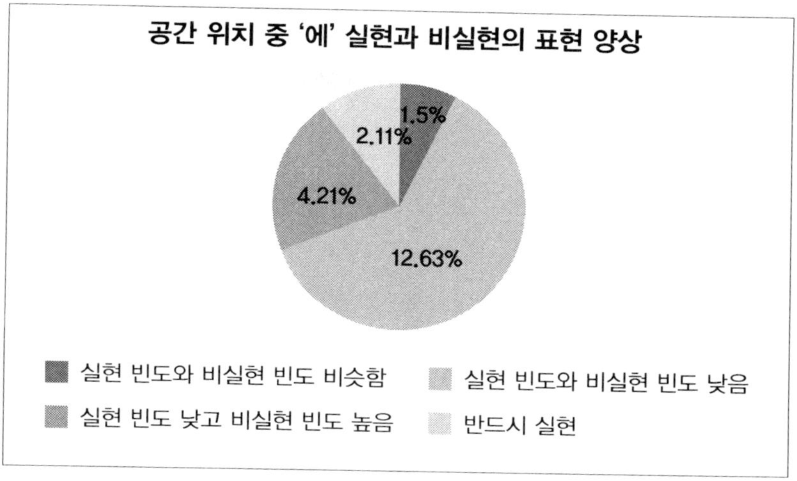


**〈그림 11〉** 공간 위치 중 '에'의 실현과 비실현의 표현 양상

공간 위치 중 '에' 실현과 비실현의 표현 유형은 다음과 같다.

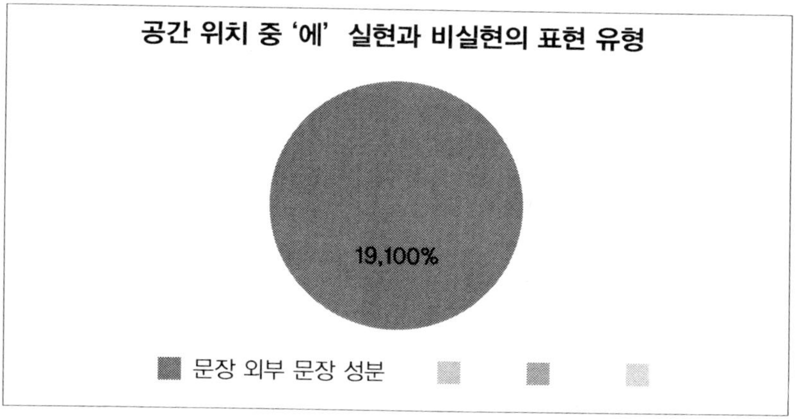


**〈그림 12〉** 공간 위치 중 '에'의 실현과 비실현의 표현 유형

위의 내용을 보면 본고는 표면 접촉의 수평적 접촉과 수직적 접촉, 포함 접촉, 인접 접촉, 동적 접촉의 동적 원위치 접촉, 동적 단일 방향

의 접촉 및 동적 양방향 접촉으로 '에'가 실현과 비실현의 현상을 알아본다.

대표적인 단어를 선택한 후 얻는 다른 현상을 통해 '에'가 실현과 비실현의 표현 양상은 실현 빈도 낮고 비실현 빈도 높음이 제일 많고 실현 빈도 높고 비실현 빈도 낮음과 반드시 실현해야 함의 형식도 있다. 그리고 표현 유형은 다 문장 외부 문장 성분 뒤에 나타난다. '에'가 실현과 비실현의 위치는 대부분이 문장 중 위치와 문장 말과 문장 앞 위치도 있다.

## 2.2 시간 위치

우선 시간 위치의 '에'의 본질적인 의미를 살펴본다. 다음으로 시간 위치에서 '에'의 실현 여부 경우를 살펴볼 것이다. 시간을 표현하는 단어 뒤에 '에'를 사용하는 경우는 다르다. 일반적으로 반드시 실현됨, 실현과 비실현 공존, 반드시 비실현됨의 경우로 나누어 있다. 그래서 본고는 대표적인 단어, 관용어 및 문형을 선택하여 말뭉치를 통해 다양한 양상을 정리할 것이다.

### 2.2.1 시간 위치의 의미 분석

사전에서 '에'는 시간 의미를 표시할 때 자주 나타나는 경우는 'NP에 VP'이다.

예 자명종 시계가 다섯 시에 울게 되어 있다.

위에 예에서 '자명종 시계'가 한 바퀴를 돌리면 열두 시간을 걸리고 자명종은 시간이 '다섯 시'에 될 때 울린다. 자명종이 울린 시간은 전경이 되어 그 시간은 열두 시간 안에 포함되어 열두 시간은 배경이 된다. 이 배경은 문장에서 나타나지 않고 사람들의 상식에 의해 알아볼 수 있다. 이때 '에'는 다섯 시가 시간축에 차지하는 위치를 표시할 수 있다.

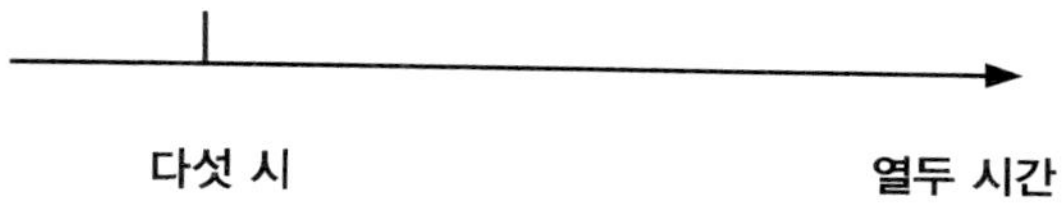


**〈그림 13〉** 시간 위치에서 전경과 배경 간의 위치 관계

〈그림 13〉을 보면 자명종이 운전하는 시간은 열두 시간이고 '다섯 시'가 차지하는 위치는 '에'로 표지된다.

예전에 '에'가 시간을 표시하는 것은 실제로 '에'의 앞에 NP의 의미를 '에'의 의미로 본다. 사실은 '에'가 표지하는 것은 그 NP가 시간 배경에서 차지하는 위치뿐이다.

### 2.2.2 '에'가 실현 필수 경우

시간을 표현할 수 있는 단어, 관용어, 문형 등은 '에'를 꼭 사용하는 경우가 있다. ①직접적으로 시간 부사어를 통해 반문을 표현하는 경우이다. 예를 들어 '저승에?'. ②짧은 시간 뒤에 위격조사를 사용해야 한다. 예를 들어 '한 눈에'.

본고는 'XX김'을 살펴볼 것이다.

(1) ‘XX김’의 경우

꼬꼬마 말뭉치에서 검색한 결과를 보면 ‘에’의 비실현 횟수는 0번이고 실현 횟수는 264번이다. 구체적인 경우는 다음과 같다.

우선 ‘에’가 실현되는 예문은 다음과 같다.

‘XX김’에서 나타나는 유형은 ‘V는/은 김에’와 같은 문장 내부 문형이다.

> 예 하는 의아한 눈초리로 바라보다가 이내 흐뭇한 마음으로 바뀌어 풀풀 나는 **김에** 고개를 처박고 라면을 후주죽거렸다.

‘XX김’의 경우에서 ‘에’가 실현되는 유형은 하나밖에 없다. 모두 문장 중의 문형으로 나타난다.

‘XX김’의 경우는 다음과 같다.

**〈표 9〉** ‘XX 김’의 경우

| 단어 | 실현의 위치 | 부실현의 위치 | 실현과 비실현의 표현 양상 | 실현과 비실현의 표현 유형 |
|---|---|---|---|---|
| XX김 | 문장 중 | – | 실현 필수 | 문장 내부 문형 |
| 계산 | 문장 중1 | – | 반드시 필수1 | 문장 내부 문형1 |

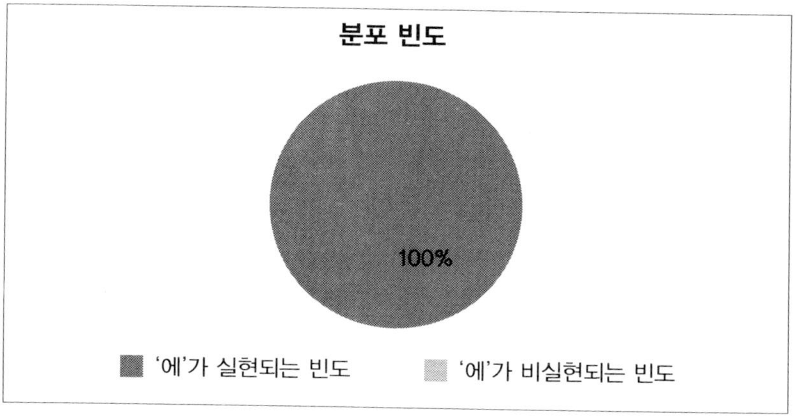


〈그림 14〉 'XX 김'에서 '에'의 분포 빈도

### 2.2.3 '에' 실현과 비실현의 공존 경우

'에'는 문장에서 실현과 비실현이 공존될 때 자주 단어, 관용어, 문형 등을 통해 표현된다. ①사용 빈도가 높은 시간 부사어, 시간 구 뒤에 사용된다. 예를 들어 '어릴 때, 방금, 잠시 뒤, 이 때, 그날 밤, 지금, 그 뒤, 지금쯤, 며칠' 등이 있다. ②고정적인 명사 뒤에 사용된다. 예를 들어 '어느 날, 며칠 후, 그날, 얼마 후, 그때' 등이 있다. ③일부분은 시간을 표현하는 단어 뒤에 실현될 수도 있고 비실현될 수도 있다. 예를 들어 '아침, 동안, 사이, 은연중, 중' 등이 있다.

본고는 '순식간, 지금, 동안, 아침' 등을 살펴볼 것이다.

#### (1) '순식간'의 경우

꼬꼬마 말뭉치에서 '순식간'을 검색하면 뒤에 '에'가 실현되는 횟수는

407번이고 비실현되는 횟수는 1번이다.

'에'가 실현되는 상황에서 표현 유형은 문장 외부 문장 성분이다. '순식간' 뒤에 '에'의 실현 위치는 문장 앞, 문장 중과 문장 말이다. 문장 외부의 생략문에서 '에'의 실현도 있다. 대부분 문장 말에 위치한다.

우선 문장 외부 문장 성분의 경우이다.

예 ㄱ. **순식간에** 일어난 일이라서 아무도 말릴 틈이 없었어.
ㄴ. 모든 일이 **순식간에** 진행되었다.
ㄷ. 그 밑에서 나온 괴물들이 영희를 끌어올렸어, **순식간에**.

다음으로 문장 외부 생략문의 경우이다.

예 그것도 순식간에.

그리고 '에'가 비실현된 예문은 하나밖에 없고 표현 유형은 문장 외부 문장 성분이다.

예 저녁 6시경 권회장 등 집행부측이 폐업을 원칙적으로 찬성한다면서도 시기와 방법 등을 회장 등 집행부에 위임해 달라고 말하자 일부 회원들이 "지난 번 휴업 때도 똑같은 말을 했으나 사태가 불리해지자 **순식간** 문을 열자고 설득하는 등 일관성이 없었다"면서 반발.

'순식간' 뒤에 '에'가 실현되는 경우와 비실현되는 경우는 다음과 같다.

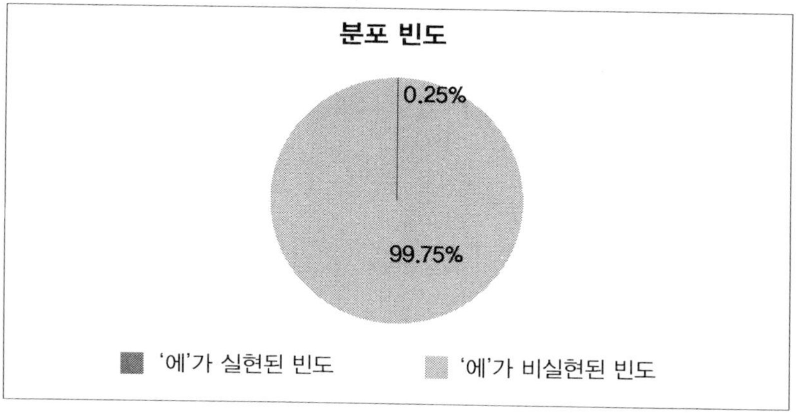


**〈그림 15〉** '순식간'에서 '에'의 분포 빈도

〈그림 15〉를 보면 '순식간' 뒤에 '에'의 실현과 비실현의 표현 양상은 실현되는 빈도가 높고 비실현되는 빈도가 낮은 것이다.

### (2) '지금'의 경우

꼬꼬마 말뭉치에서 '지금'을 검색할 때 '지금'이 일반 명사로 되면 '에'가 실현되는 횟수는 141번이고 비실현되는 횟수는 255번이다.

'에'가 실현되는 경우의 표현 유형은 문장 내부의 구과 문장 외부의 문장 성분이다. 구는 '지금에 오다, 지금에 이르다, 지금에 있다' 세 가지 형식이 있다. 다른 구는 나타난 위치도 다르다. 문장 외부 문장 성분 경우의 위치는 문장 앞과 문장 중이 있다.

문장 내부 구에서 '에'의 실현 경우이다.

우선 '지금에 오다'는 문장 앞과 문장 중에 나타난다.

예 ㄱ. **지금에 와서** 보면 너무도 당연한 말이지만, 그 무렵만 해도 역사

학계의 연구작업 일반은 우익 독립운동의 사실 추적에만 한정되었다 해도 과언이 아니다.

ㄴ. 그런데 30대인 **지금에 와서는** 죽음이 아주 친숙하게 느껴져요.

또는 '지금에 이르다'는 문장 중과 문장 말에 나타난다.

예 ㄱ. 마이니치가 제호를 바꾼 것은 지난 43년 동경 일일과 오사카 마이니치가 합병, **지금에 이른** 후 48년만의 일이다.

ㄴ. 분위기를 바꿔 예일학원 서무과에서 일하다가 6년 전 은퇴해 **지금에 이르고** 있다.

다음으로 '지금에 있다'는 문장 앞과 문장 중에 나타난다.

예 ㄱ. **지금에 있어서**도 전쟁이 폭발되기만 기다리고 있는 자는 파시스트 강도 일본뿐일 것이다.

ㄴ. 군부통치가 막을 내리게 되고 이른 바 문민정부가 들어선 **지금에 있어서** 그녀의 80년대에 대한 집착은 비판의 대상이 되기도 한다.

마지막으로 문장 외부 문장 성분의 경우이다.

예 ㄱ. **지금에** 생각하니 우습지만 당시에는 그 얼마나 기막힌 멘트냐 말이다.

ㄴ. 그러나 왔는지 안 왔는지 모르는 **지금에** 꼭 사가지고 가고 싶은 맘이 없어서 포켓에 손을 넣어 지갑을 만지면서 밖으로 나왔다.

'에'가 비실현되는 경우는 문장 외부 문장 성분과 문장 외부 생략문이다. 문장 외부 문장 성분으로 나타나면 문장 앞, 문장 중 및 문장 말에 위치한다. 생략문으로 나타나면 문장 말에 위치한다.

우선 문장 외부 문장 성분의 경우이다.

예 ㄱ. **지금** 우리의 현실은 달콤한 약속만 할 처지는 못된다.
ㄴ. 히틀러가 정치적으로 올림픽을 어떻게 이용했으며, **지금** 바르셀로나 올림픽이 얼마만큼 상업주의에 오염돼 있는지를 생각해 보라.
ㄷ. '뭐하고 있어, **지금**'.

다음으로 생략문의 경우이다.

예 '우리 어머니두 **지금**……'

'지금'의 경우는 다음과 같다.

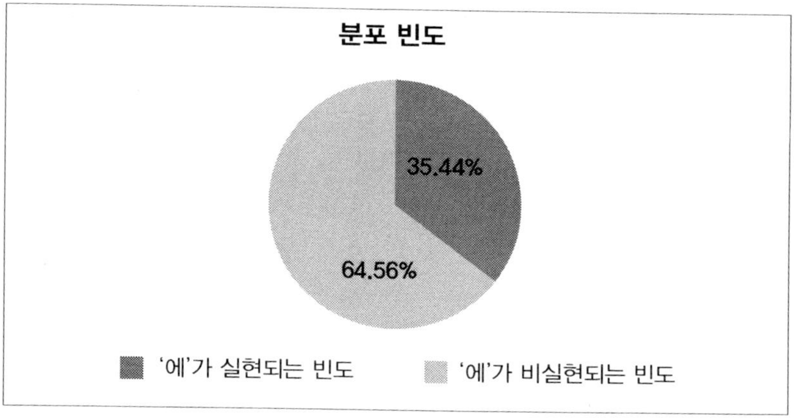


**〈그림 16〉** '지금' 뒤에 '에'의 분포 빈도

**〈그림 16〉**을 통해 '지금'의 경우 중 '에'의 실현 여부의 표현 양상은 실현되는 것의 빈도가 낮고 비실현되는 것의 빈도가 높은 것이다.

### (3) '동안'의 경우

꼬꼬마 말뭉치에서 '에'가 실현되는 경우는 822번이고 비실현되는 경우는 9711번이다.

'에'가 실현된 경우의 표현 유형은 문장 내부의 구, 문장 외부의 문장 성분을 포함한다. 문장 내부의 구는 '이/그 동안에'의 형식으로 문장 앞과 문장 중에 나타난다. 문장 외부의 문장 성분은 문장 중과 문장 말에 나타난다.

우선 문장 내부 구의 경우이다.

예 ㄱ. **그 동안에** 본 정신적 피해와 잃어 버린 명예는 어떻게 해야합니까.
ㄴ. "덩컨은 결혼도 하지 않고 애인을 갈아치우고, **그 동안에** 애는 둘씩이나 낳았대."

다음으로 문장 외부 문장 성분의 경우이다.

예 ㄱ. 일반적으로 저용량으로 조절이 가능하며, 오랜 기간 **동안에** 안정적인 용량의 모르핀으로 유지가 가능하다.
ㄴ. "밥 한 그릇을 다 비우는 **동안에**."

'에'가 비실현되는 경우의 표현 유형은 문장 내부의 구, 문장 외부의 문장 성분과 문장 외부의 생략문을 포함한다. 문장 내부의 구는 '그 동안'으로 문장 앞과 문장 중에 나타난다. 문장 외부 문장 성분의 경우는 문장 중과 문장 말에 나타난다. 문장 외부 생략문의 경우는 문장 중에 나타난다.

그리고 문장 내부의 구 '그 동안' 뒤에 '에'가 비실현되는 경우이다.

예 ㄱ. **그 동안** 제가 너무 걱정을 끼쳐 드려 죄송할 뿐입니다.
ㄴ. 그러나 이제 **그 동안** 지나치게 한쪽으로 치우쳤던 시소가 서서히 반대편으로 기울기 시작했다.

또한 문장 외부 문장 성분 뒤에 '에'가 비실현되는 경우이다.

예 ㄱ. 그는 인터뷰를 하는 **동안** 그 모든 것을 일일이 챙겼다.
ㄴ. 그래, 적어도 3 년 **동안**.

마지막으로 문장 외부 생략문 중의 '에'가 비실현되는 경우이다.

예 ㄱ. 당신이 집을 비운 동안……이라고 말을 꺼낸 다음 아내는 잠시 숨을 몰아쉬었다.

'동안'의 경우는 다음과 같다.

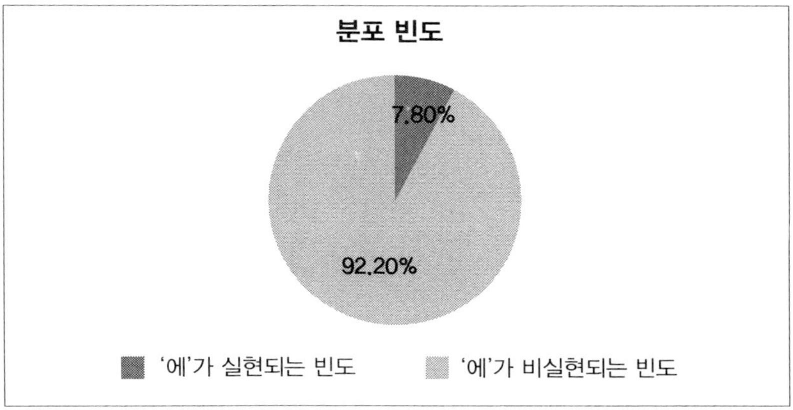


〈그림 17〉 '동안' 뒤에 '에'의 분포 빈도

〈그림〉17을 통해 '동안' 뒤에 '에' 실현 여부의 표형 형식은 실현되는 것의 빈도가 낮고 비실현되는 것의 빈도가 높은 것이다.

### (4) '아침'의 경우

꼬꼬마 말뭉치에서 '아침'을 검색하면 '에'가 실현되는 횟수는 1285번이고 '에' 비실현의 횟수는 2329번이다.

'에'가 실현되는 경우의 표현 유형은 문장 외부의 문장 성분이다. 문장 앞과 문장 중에 나타난다.

우선 문장 외부 문장 성분 뒤에 '에'가 실현되는 경우이다.

예 ㄱ. **아침에** 나가면 점심때를 전후해서 들어오고, 낮에 나가면 땅거미가 기어내린 다음에야 들어왔다.
ㄴ. 아들은 시험공부하느라고 친구집에서 밤을 새우고 **아침에** 들어오는 길이었다.

'에'가 비실현되는 경우의 표현 유형은 문장 외부의 문장 성분으로 문장 앞, 문장 중과 문장 말에 나타난다.

다음으로 문장 외부 문장 성분 뒤에 '에'가 비실현되는 경우이다.

예 ㄱ. **아침** 기도는커녕 얼굴 매만질 사이도 없이 서울행 차표 한 웅큼을 쥐고 대합실로 나갔다.
ㄴ. 관례일이 되면 진설을 하며, **아침** 일찍 관복을 꺼내 준비한다.
ㄷ. 이라크 동시다발 테러 다음날인 28일(현지시간) **아침**.

'아침'의 경우는 다음과 같다.

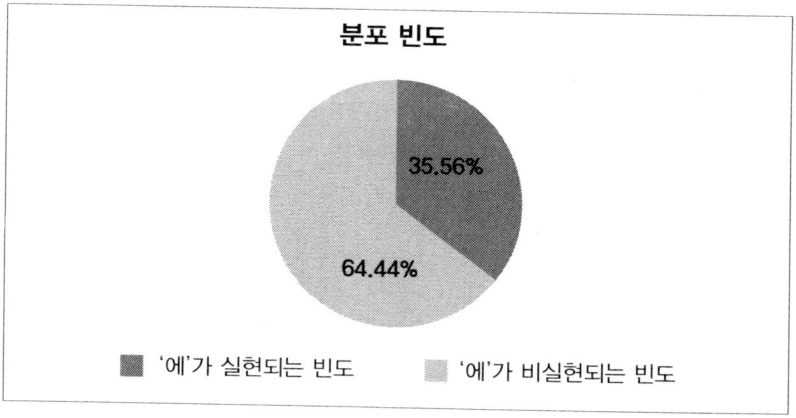


**〈그림 18〉** '아침' 뒤에 '에'의 분포 빈도

〈그림 18〉을 통해 '아침' 뒤에 '에'의 실현 여부의 표형 형식은 실현되는 것의 빈도가 낮고 비실현되는 것의 빈도가 높은 것이다.

실현과 비실현 공존의 경우는 다음과 같다.

**〈표 10〉** '에'의 실현과 비실현의 공존에서 대표적인 단어의 경우

| 단어 | 실현의 위치 | 비실현의 위치 | 실현과 비실현의 표현 양상 | 실현과 비실현의 표현 유형 |
|---|---|---|---|---|
| 순식간 | 문자 앞, 문장 중, 문장 말 | 문장 중 | 실현 빈도 높고 비실현 빈도 낮음 | 문장 외부 문장 성분 |
| | 문장 말 | – | | 문장 외부 생략문 |
| 지금 | 문장 앞, 문장 중/ 문장 중, 문장 말/ 문장 앞, 문장중 | – | 실현 빈도 낮고 비실현 빈도 높음 | 문장 내부의 구 |

| | | | | |
|---|---|---|---|---|
| | 문장 앞,<br>문장중 | 문장 앞,<br>문장 중,<br>문장 말 | | 문장 외부 문장<br>성분 |
| | _ | 문장 말 | | 문장 외부<br>생략문 |
| 동안 | 문장 앞,<br>문장 중 | 문장 앞,<br>문장 중 | 실현 빈도 낮고<br>비실현 빈도 높음 | 문장 내부의 구 |
| | 문장 중,<br>문장 말 | 문장 중,<br>문장 말 | | 문장 외부 문장<br>성분 |
| | _ | 문장 중 | | 문장 외부<br>생략문 |
| 아침 | 문장 앞,<br>문장 중 | 문장 앞,<br>문장 중,<br>문장 말 | 실현 빈도 낮고<br>비실현 빈도 높음 | 문장 외부 문장<br>성분 |
| 계산 | 문장 앞6,<br>문장 중10,<br>문장 말4 | 문장 앞3,<br>문장 중6,<br>문장 말4 | 실현 빈도 높고<br>비실현 빈도 낮음1,<br>실현 빈도 낮고<br>비실현 빈도 높음3 | 문장 내부의 구2,<br>문장 외부<br>생략문3,<br>문장 외부<br>문장 성분4 |

〈표 10〉을 통해 열거한 단어 중 '에'의 비실현의 경우가 더 많이 나타난다. 비실현의 위치도 다양하고 문장 앞, 문장 중과 문장 말도 포함된다. 위격조사 '에'의 실현 여부 현상은 실현과 비실현 공존할 때 비대칭적인 현상을 볼 수 있다

### 2.2.4 '에'가 비실현 필수 경우

시간 위치를 표현할 때 '에'가 반드시 비실현된다. ①일부분은 시간을 표현하는 단어다. 예를 들어 '그제, 어제, 오늘, 내일, 모레' 등이다. ②시간의 특징을 가지고 있는 의문 대명사 뒤에 위격조사를 사용하지

않는다. 예를 들어 '언제'다. ③시간을 표현하는 관용 문형이다. 예를 들어 '-을 때' 등이다. ④합성어도 이런 현상이 있다. 예를 들어 '앞장서다' 등이 있다.

본고는 '언제'를 실펴볼 것이다.

### (1) '언제'의 경우

'언제'는 대명사일 때 꼬꼬마 말뭉치에서 검색할 때 '에'가 실현된 횟수는 0번이고 비실현된 횟수는 91번이다.

'에'가 비실현되는 표현 유형은 문장 외부 생략문이다.

우선 문장 외부 생략문의 비실현 경우이다. 문장 앞과 문장 말에 나타난다.

예 ㄱ. '**언제**…… 어디서…… 그런 일이 있었답니까?'
ㄴ. '시간이야, 뭐…… **언제**?'

'언제'가 대사일 때의 경우는 다음과 같다.

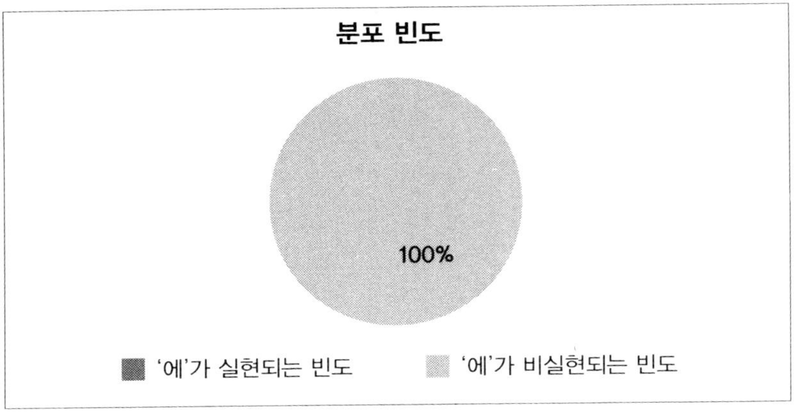


**〈그림 19〉** '언제'가 대사일 때 '에'의 분포 빈도

**〈표 11〉** '에'가 바드시 비실현되는 경우에 대표적인 단어의 경우

| 단어 | 실현의 위치 | 비실현의 위치 | 실현과 비실현의 표현 양상 | 실현과 비실현의 표현 유형 |
|---|---|---|---|---|
| 언제 (대명사) | - | 문장 앞, 문장 말 | 반드시 비실현함 | 문장 외부 생략문 |
| 계산 | - | 문장 앞1, 문장 말1 | 반드시 비실현함1 | 문장 외부 생략문1 |

'에'는 시간 위치에 나타날 때 실현되는 것과 비실현되는 것의 양상이 있다. 대표적인 단어를 검색한 결과를 통해 '에'는 반드시 실현되는 현상과 반드시 비실현되는 것의 현상이 있다. 실현과 비실현 공존 현상보다 다양하지 않고 대표적인 단어도 적다. 세 가지 다른 현상은 비대칭적인 양상으로 나타난다.

'에'는 시간 위치를 표지할 때의 경우는 다음과 같다.

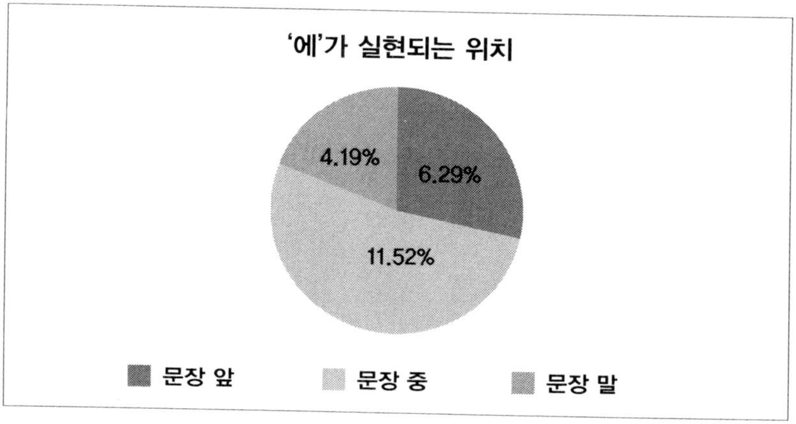


〈그림 20〉 시간 위치를 표지할 때 '에'가 실현되는 위치

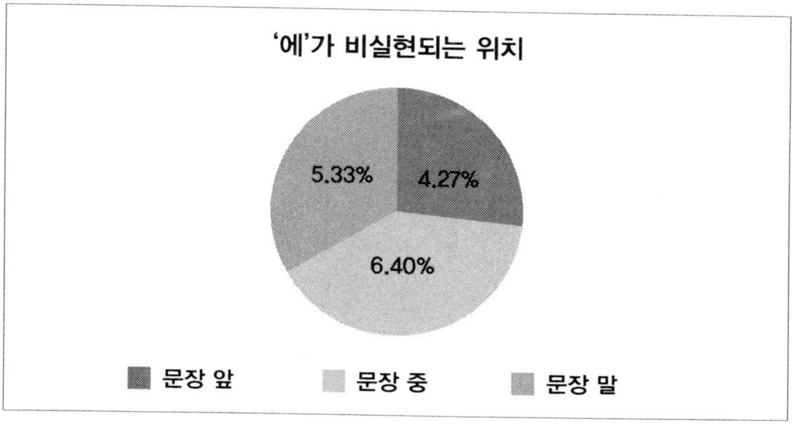


〈그림 21〉 시간 위치를 표지할 때 '에'가 비실현되는 위치

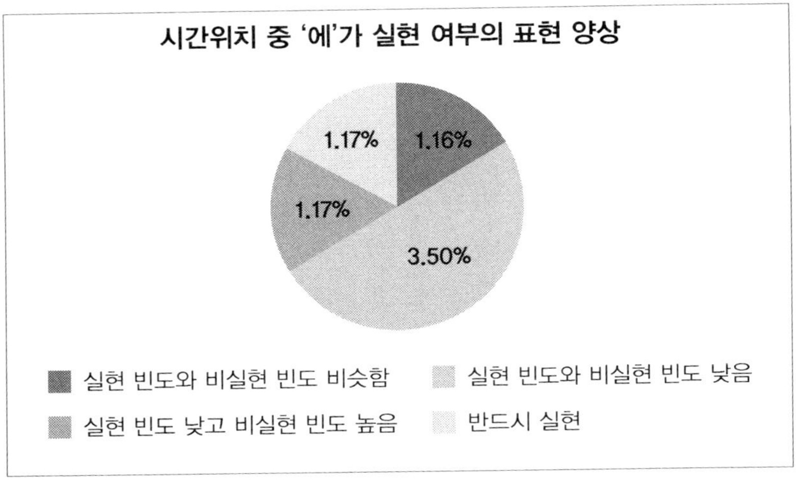


〈그림 22〉 시간 위치 중 '에'가 실현 여부의 표현 양상

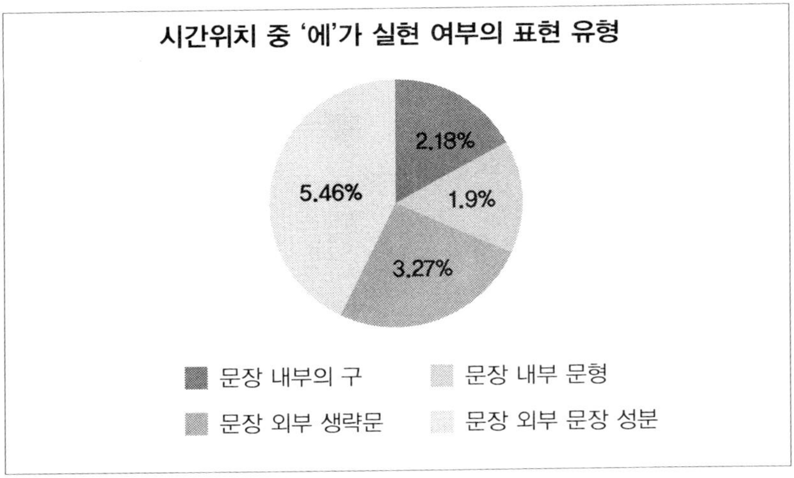


〈그림 23〉 시간 위치 중 '에'가 실현 여부의 표현 유형

이렇게 보면 시간 위치 중 '에'가 실현되는 것과 비실현되는 위치는 문장 중 위치가 제일 많다. 실현 여부의 표현 양상 중 실현 빈도가 낮고

비실현 빈도가 높은 것이 제일 많다. 즉, 시간 개념은 다른 개념보다 등급이 상대적으로 높은 것과 관계가 있다. 등급이 높아질수록 비실현되는 빈도도 높게 된다. 실현 여부의 표현 유형은 다양하다. 문장 내부의 구, 문장 내부 문형, 문장 외부 문장 성분 및 문장 외부 생략문이다.

## 2.3 추상 관계 위치[9]

임지룡(1997:240-242)에서 다의어 의미 확장의 전형적인 경로인 '공간-시간-추상'이다고 밝혔다. 본고는 '에'의 의미 중 '위치' 의미가 처음에 공간부터 점점 시간으로 확대된다. 사람들의 인지 기체에서 공간을 파악하는 능력은 시간보다 앞선다. 공간 위치가 실질적인 사물이 있기 때문에 공간 개념을 파악한 후 시간 개념을 파악한다.

東定芳(2008 : 63)에서는 범주 간의 관계가 동태적이고 계속 변화하고 있다. 그래서 원형은 범주의 기초로 되어도 범주 간의 경계가 계속 변화된다. '에'의 의미는 '위치'가 원형으로 삼아 공간 위치가 제일 기초 위치이고 공간 위치가 시간에 따라 더 추상적인 방향으로 변화하는 가능성이 있다.

그런데 어느 위치는 공간인지 시간인지 확실하게 표현하지 못한다. 이런 위치는 '추상' 관계 위치라고 생각한다.

실제 생활에서 위치가 1차원, 2차원, 3차원으로 나누어 있다. 앞에

9 본절에 있는 예문이 표지하지 않을 때 꼬꼬마 말뭉치에서 나온다.

말하는 공간 위치는 3차원 위치이고 시간 위치는 2차원 위치다. 그런데 추상 관계 위치도 존재한다. 본고에서 공간 위치와 시간 위치 외의 자세히 실제 공간에서 보일 수 없는 위치는 추상 관계 위치로 본다.

추상 관계 의미는 공간 위치, 시간 위치와 비슷하다. 'NP'가 '에'를 사용할 때 그 'NP'가 배경에서 차지하는 위치를 '에'로 표지한다. 그런데 큰 배경은 문장에서 잘 나타나지 않고 확정하지 못해서 의미 관계나 언어 환경 등을 통해 추리할 필요가 있다.

王寅(2015)에서 언어 표현의 부각시킴을 보면 부각시키는 성분은 대응적으로 '전경'으로 되고 부각시키지 않은 성분은 배경으로 된다. 이것에 따르면 '에'로 표지하는 부분은 문장에서 부각되고 부사어로 된다. 배경으로 되는 성분은 다른 'NP'로 표현된다. 또는 나타나지 않을 수 있다. 추상 위치는 이런 관계로 나타난다.

일반적으로 사람들이 문장에서 문장 성분간에서 나타나는 의미를 '에'의 의미로 본다. 본 논문은 문장 성분 간에서 나타나는 의미는 '에'의 의미가 아니라고 생각한다. '에'가 어떤 성분이 문장이 제공하는 배경에서 차지하는 위치를 표지하는 기능이 있다. '에'가 나타나는 문장이 표현하는 의미가 '원인, 대상, 단위/표준, 첨가, 진행 방향, 역할/자격, 나열, 수단/방법, 조건/환경/상태, 강조, 범위, 비교/비유 12가지가 있다. '에'는 주로 이런 의미가 있는 문장에서 나타나고 앞의 성분의 추상 위치를 표지한다. 그래서 '에'가 어떤 의미가 있는 위치를 표지할 때 직접 어떤 추상 관계 위치라고 한다.

### 2.3.1 원인 의미 관계

#### 2.3.1.1 원인 의미의 분석

일상 생활에서 '원인'을 표시할 때 자주 'NP에 VP'의 형식으로 나타난다. '원인'도 앞뒤에 있는 단어 간의 관계 의미를 직접 '에'의 의미로 본다. 실제로 '에'가 표시하는 것은 여전히 전경이 배경에서 차지하는 '위치'다.

예 그는 더위에 지쳤는지 파나마 모자로 부채질을 하고 있었다.

예문에서 '그는 더위에 지쳤는지' 안에 '지치다'가 큰 배경으로 되어 지치는 것은 많은 요소가 포함하여 각 요소로 인해 그는 지칠 수 있다. 다른 요소도 큰 배경에서 다른 위치를 차지한다. 그 가운데 하나는 '더위'다. 그러면 '에'가 '더위'는 '지치다'가 제공하는 배경에서 차지하는 위치를 표시한다. 그 위치는 추상 관계 위치다. '원인'의미는 '에' 앞뒤에 명사와 서술어의 관계를 통해 추리할 수 있고 '에'의 의미가 아니다.

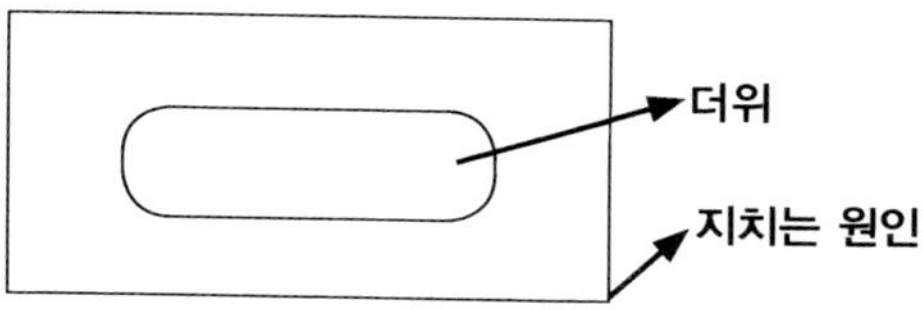


**〈그림 24〉** 원인 의미를 표현할 때 전경과 배경 간의 위치 관계

〈그림 24〉를 보면 '지치는 원인' 배경 안에 '더위'가 차지하는 위치는 '에'로 표지한다.

사람은 '에' 앞에의 명사와 뒤에 서술어 간의 의미 관계인 '원인'을 '에'의 의미로 보는 편이다. 사실은 '에'는 비활동체의 위치만 표지한다. 그런데 여기서 표지하는 위치는 추상적인 위치이고 일반적으로 배경의 지식을 통해 '에'의 역할을 잘 파악할 수 있다.

#### 2.3.1.2 실현 여부의 현상

원인 의미를 표현하는 문장에서 '에'가 나타나면 추상 관계 위치를 표현할 뿐만 아니라 의미도 더 뚜렷하다. 실현 여부 현상은 공간 위치와 시간 위치보다 다양하지 않다. 대표적인 단어는 '칼, 더위, 두려움, 비, 때문, 탓, 까닭' 등이 있다. 본고는 '칼, 비'를 살펴볼 것이다.

**(1) '칼'의 경우**

꼬꼬마에서 '칼' 뒤에 '에'의 실현 여부 경우는 하나밖에 없다. 표현 유형은 문장 외부 문장 성분 뒤에 나타난다. 수집한 자료에 따르면 '칼' 뒤에 '에'의 실현 여부의 표현 양상은 반드시 실현되는 것이다.

우선 '칼' 뒤에 '에'가 나타나는 경우이다. 대부분이 문장 앞과 문장 중에 위치한다.

예 ㄱ. '**칼에** 베었어?'
ㄴ. 둘 중의 하나도 살아 남지 않고 상대방의 **칼에** 둘이 다 쓰러진 것이다.

### (2) '비'의 경우

꼬꼬마에서 '비' 뒤에 '에'의 실현 여부 경우는 하나밖에 없고 표현 유형은 문장 외부 문장 성분이다. 수집한 자료에 따르면 '비' 뒤에 '에'의 실현 여부의 표현 양상은 반드시 실현하는 것이다.

우선 '비' 뒤에 '에'가 실현되는 경우이다. 대부분은 문장 앞과 문장 중에 위치한다.

예 ㄱ. **비에** 젖은 나뭇잎들이 빙판처럼 미끄러웠다.
ㄴ. 7, 8 월의 뜨거운 태양에 정말 비지땀을 흘리며 포스터를 붙였지만 장마로 인해 다음주면 여지없이 **비에** 망가져 버리기 일수였다.

위에 있는 예문을 통해 원인 의미 위치를 표현할 때 나타나는 실현 여부의 표현 양상과 표현 유형은 단어의 사용 빈도에 따라 변화된다. 원인 의미 관계에서 나타나는 표형 형식은 반드시 실현하는 것과 실현 빈도가 높고 비실현 빈도가 낮은 것이다. 그리고 문장 내부 문형과 문장 외부 문장 성분 두 가지 표현 유형이 있다.

## 2.3.2 대상 의미 위치

### 2.3.2.1 대상 의미의 분석

앞에 분포 빈도를 보면 '대상' 의미를 사용 빈도가 아주 높다. 자주 나타나는 형식은 'NP에 VP'이다.

예 당신의 노래에 매혹돼 버린 이 청중들을 위해 다른 노래 하나를 더

들려 주십시오.

예문에서 '매혹돼 버린 이 청중들'은 매혹된 전경이고 매혹된 사물의 종류가 많다. 이 많은 사물이 배경으로 된다. 각 사물은 배경에서 다양한 위치를 차지한다. '당신의 노래'는 그 많은 사물 중의 하나이고 배경에서 차지하는 위치는 '에'로 표지한다. '행위자의 행위가 영향이 미치는 대상 됨'의 의미는 앞뒤에 언어 사용 환경, 명사와 서술어 등 같이 표현한다. 그래서 '에'의 의미가 아니다. '에'가 표시하는 것은 바로 문장에서 나오는 전경이 문장이 제공하는 배경에서 차지하는 추상 관계 위치이다.

### 2.3.2.2 실현 여부의 현상

대상 의미 위치를 표현할 수 있는 대표적인 단어가 많고 예를 들어 '매혹되다, 열중하다, 미치다, 기대를 걸다, 남기다, 미루다, 대다, 주다, 바치다, 쫓기다, 깔리다, 관련되다, 관계하다, 따르다, 집중하다, 걸리다, 잠기다, 빠지다, 겹다, 적다' 등이다. 본고는 '매혹되다, 관련되다, 걸리다'의 경우를 살펴볼 것이다.

#### (1) '매혹되다'의 경우

꼬꼬마에서 '매혹되다' 앞에 '에'의 실현 여부 경우는 하나밖에 없다. 표현 유형은 문장 외부 문장 성분이다. 수집한 자료에 따르면 '매혹되다' 앞에 '에'가 반드시 실현되는 것이다.

우선 '매혹되다' 앞에 '에'가 나타난 경우이고 대부분은 문장 중과 문장 말에 위치한다.

예 ㄱ. 인체의 **아름다움에 매혹되는** 걸 탓하진 않겠네.

ㄴ. 인생에 취하듯이, 우리는 극 속에서 펼쳐지는 이 아름다운 **가상에 매혹된다**.

### (2) '관련되다'의 경우

꼬꼬마에서 '관련되다' 앞에 '에'의 실현 여부 경우는 세 가지가 있다. 표현 유형은 문장 내부 문형 앞의 비실현, 문장 외부 문장 성분 앞의 실현과 비실현을 포함한다. 문장 내부 문형은 '과/와 관련되다'다. 수집한 지료에 따라 '관련되다' 앞에 '에'는 꼭 비실현되는 것이다. 문장 외부 문장 성분 앞에 '에'가 실현되는 것의 빈도가 높고 비실현되는 것의 빈도가 낮은 것이다.

우선 문장 내부 문형 '관련되다' 앞에 '에'가 비실현되는 경우이고 대부분은 문장 중에 위치한다.

예 학교 분위기는 좋은 점도 많았지만 너무나 많은 부분이 **진학과 관련되어** 학생들을 조이고 있었던 건 사실이었다.

다음으로 문장 외부 문장 성분 '관련되다' 앞에 '에'가 실현되는 경우이고 대부분은 문장 중과 문장 말에 위치한다.

예 ㄱ. 그것은 증언의 **방법에 관련된** 문제이다.

ㄴ. 벤야민이 말하는 P.끌레의 그림 [새로운 천사]가 마음에 들었던 것은 이런 **사정에 관련된다**.

그리고 문장 외부 문장 성분 '관련되다' 앞에 '에'가 비실현되는 경우이고 대부분은 문장 앞과 문장 중에 위치한다.

예 ㄱ. **관련된** 모든 의원들에 대하여 법 적용의 잣대가 달라져 형평을 잃게 되는 사태가 벌어져서는 안 된다.

ㄴ. 포클랜드에서 영국과 아르헨티나가 무력으로 맞붙는 사태가 있지 않도록 **관련된** 모든 나라가 신중하기를 바랄 뿐이다.

### (3) '걸리다'의 경우

꼬꼬마에서 '걸리다' 앞에 '에'의 실현 여부 경우는 두 가지 있다. 표현 유형은 문장 외부 문장 성분 앞에 '에'의 실현과 비실현이다. 수집한 자료에 따르면 '걸리다' 앞에 '에'의 실현 여부의 표현 양상은 실현되는 것의 빈도가 높고 비실현되는 것의 빈도가 낮은 것이다.

우선 '걸리다' 앞에 '에'가 실현되는 경우이고 대부분 문장 앞, 문장 중 및 문장 말에 위치한다.

예 ㄱ. 우울증**에 걸린** 사람이 어두운 색을 선호하는 것은 그 나름으로 까닭이 있다.

ㄴ. 검정 페인트 글씨의 획들이 군데군데 벗겨진 양철 간판이 문틀 **위에 걸려** 있었다.

ㄷ. "아무래도 그 아저씨 말이 **맘에 걸려요.**"

다음으로 '걸리다' 앞에 '에'가 비실현되는 경우이고 대부분 문장 중에 위치한다.

예 가을날의 느낌 김호철(교육학과 1학년 9562008) 밤에 이불을 덮지 않고 자다가는 감기 **걸리기** 십상인 계절 바로 가을이 돌아왔다.

위에 예문을 통해 대상 의미 위치에서 '에'의 표현 형식은 반드시 실현해야 하는 것, 실현과 비실현 공존 및 반드시 비실현되는 양상이 모두 있다. 그리고 표현 유형은 문장 내부 문형과 문장 외부 문장 성분을 포함한다.

### 2.3.3 단위/표준 의미 위치

#### 2.3.3.1 단위/표준 의미 분석

'단위/표준'을 표현할 때 자주 나타나는 형식은 'NP에 VP'이다.

예 그 학생의 답안은 완벽에 가깝다.

예문에서 '그 학생의 답안' 표준 답안과 비교하면 결과가 다른 정도로 판정할 수 있다. 예를 들어 '완벽한다, 아주 좋다, 좋다, 일반' 등이다. 다른 정도는 배경이 된다. 문장에서의 '완벽'이 전경이 되고 배경에서 차지하는 위치는 추상 관계 위치이고 '에'로 표지한다. 문장의 '~과(비교하여)'의 뜻'은 '그 학생의 답안은 완벽 가깝다'로 표현한다.

#### 2.3.3.2 실현 여부 현상

단위/표준 의미를 표현하는 대표적인 단어가 '걸맞다, 어울리다, 가깝다, 필적하다, 비례하다, 좋다, 부편하다, 보기, 듣기' 등이다. 본고는 '어울리다, 필적하다, 비례하다'를 살펴볼 것이다.

### (1) '어울리다'의 경우

꼬꼬마에서 '어울리다' 앞에 '에'의 실현 여부 경우는 두 가지가 있고 표현 유형은 문장 외부 문장 성분이다. 수집한 자료에 따르면 '어울리다' 앞에 '에'의 실현 여부의 표현 현상은 실현되는 것의 빈도가 높고 비실현되는 것의 빈도가 낮은 것이다.

우선 '어울리다' 앞에 '에'가 실현되는 경우이고 대부분 문장 중에 위치한다.

> 예 중년의 **나이에 어울리지** 않게 굉장히 민첩한 동작이었다.

다음으로 '어울리다' 앞에 '에'가 비실현되는 경우이고 대부분 문장 중에 위치한다.

> 예 인종, 종교, 이념을 초월해 모두 한데 **어울려** 즐기고 선수들은 그동안 쌓은 기량을 다툴 것이다.

### (2) '필적하다'의 경우

꼬꼬마에서 '필적하다' 앞에 '에'의 실현 여부 경우는 하나밖에 없고 표현 유형은 문장 외부 문장 성분이다. 수집한 자료에 따르면 '필적하다' 앞에 '에'의 실현 여부의 표현 양상은 반드시 실현하는 것이다.

'필적하다' 앞에 '에'가 실현되는 경우이고 대부분 문장 중에 위치한다.

예 그것이 바로 다른 **문학장르에 필적할** 수 있는 한 방법론이기 때문이다.

### (3) '비례하다'의 경우

꼬꼬마에서 '비례하다' 앞에 '에'의 실현 여부 경우는 세 가지가 있고 표현 유형은 문장 내부 문형 앞에 '에'의 비실현, 문장 외부 문장 성분 앞에 '에'의 실현과 비실현이 있다. 문형은 '와/과 비례하다'다. 수집한 자료에 따르면 '비례하다'의 경우는 문장 내부 문형 앞에 '에'가 반드시 비실현된다. 문장 외부 문장 성분 앞에 '에'의 표현 양상은 실현 빈도 높고 비실현 빈도 낮은 것이다.

우선 문장 내부 문형 '와/과 비례하다' 앞에 '에'의 비실현의 경우이고 대부분 문장 중과 문장 말에 위치한다.

예 ㄱ. 광파성은 이만한 것도 없겠지만 보존성이 없기에 '끝'이라는 낱말이 다가왔을 때는 **그와 비례해서** 허무가 어깨를 짓누르는 것이다.
ㄴ. 피로 회복은 수면 **정도와 비례한다**.

다음으로 문장 외부 문장 성분 '비례하다' 앞에 '에'의 실현 경우이고 대부분 문장 중과 문장 말에 위치한다.

예 ㄱ. 지나친 기대는 지나친 요구를 만들며, 지나친 요구는 **거기에 비례하는** 지나친 실망을 만들며, 지나친 실망은 풀 수 없는 갈등을 만든다.
ㄴ. 질투는 사랑**에 비례한다**.

그리고 문장 외부 문장 성분 '비례하다' 앞에 '에'의 비실현 경우이고 대부분 문장 중에 위치한다.

> 예 다이아몬드의 지름은 같은 캐러츠라 하더라도 항상 **비례하여** 똑같지는 않다.

위에 있는 예문을 통해 단위/표준 의미 위치를 표현하는 단어가 다양하다. '에'의 실현 여부의 표현 양상은 반드시 실현되는 것, 실현 빈도가 높고 비실현 빈도가 낮은 것, 반드시 비실현되는 것이 있다. 표현 유형은 문장 내부 문형과 문장 외부 문장 성분이다.

### 2.3.4 첨가 의미 위치[10]

첨가 의미를 표현할 수 있는 대표적인 단어가 다양하지 않다. 대부분 문장이 제공되는 언어 환경, 문장에서의 단어, 서술어를 통해 '첨가' 의미를 확정할 수 있다. '에'는 일반적으로 명사 뒤에 나타난다.

수집한 예문에서 '에'가 나타나는 경우가 많고 대부분이 문장 중에 위치한다. 아직은 '에'는 비실현되는 경우가 나타나지 않는다.

> 예 그녀는 오늘 남색 **스커트에** 흰색 블라우스를 입은 깔끔한 모습니다.

위격조사가 비실현되는 현상을 찾지 못해서 위에 있는 문장 중 위격조사를 제거하여 문장이 성립되는지를 통해 확정한다. 위격조사가 비

10 본절의 예문이 이희자·이종희의 「사전식 텍스트분석적 국어 조사의 연구」에서 나온다.

실현되면 정확한 문장이 될 수 없어서 첨가 의미 위치를 표지할 때 '에'가 반드시 실현하는 것이다고 생각한다.

'첨가'의 의미를 표현할 때 일반적인 형식은 'NP에 NP'이다.

위에 있는 예문을 보면 '그녀는 남색 스커트'를 입는 상태 아래 '흰 색 블라우스'도 입는다. '그녀'는 '흰색 블라우스'를 입기 전에 무엇을 이미 입는 것이다. 여기서 무엇을 담당하는 것은 '남색 스커트'다. '남색 스커트'가 배경이 되고 '흰색 블라우스'가 이 배경에서 차지하는 위치는 '에'로 표지된다. '첨가'의 의미는 앞과 뒤의 문장 성분으로 얻는 것이다.

### 2.3.5 '진행 방향'[11]

'진행 방향'을 표현할 때 일반적인 형식은 'NP에 가다/오다류의 추향 동사'다. 이때 '에'가 표지되는 것은 추향 동사의 추향 방향 위치다. 동작을 진행 방향의 위치다.

예 이 통에 기름 좀 가득 넣어 주세요.

예문에서 '기름 좀 가득 넣어 주다'의 방향은 다양하다. 예를 들어 '통, 고릇' 등이다. 문장에서 나오는 '통'은 많은 방향 중의 하나이고 전경이 된다. 확실하는 위치를 파악하지 못하는데 '에'가 그 전경이 배경에서 차지하는 위치를 표지한다. 진행 방향 의미는 앞과 뒤에 명사와 서

11 진행 방향의 유형을 구분하지 않고 공간 위치에서 놓고 살피고 여기서 진행 방향 의미 위치만 분석한다.

술어가 같이 제공한다.

### 2.3.6 역할/자격 의미 위치

#### 2.3.6.1 역할/자격 의미 분석

'역할/자격' 의미를 표현하는 것은 일반적으로 'NP에 VP'의 형식으로 나타난다.

예 국방부 장관에 임명된 전 합참의장은 기뻐서 어쩔 줄 몰라 했다.

예문에서 '임명된 전 합참의장'을 보면 임명된 직위가 많다. 다른 직위가 배경으로 형성한다. '국방부 장관'은 배경에서 어떤 위치를 차지하고 '에'로 표지한다. '역할/자격' 의미는 '국방부 장관 임명된 전 합참의장은'을 통해 표현된다.

#### 2.3.6.2 실현 여부의 현상

역할/자격 의미 위치를 표현할 수 있는 단어가 많지 않다. 대표적인 단어는 '임명되다, 취임하다, 선출되다, 당선되다' 등이다. 본고는 '임명되다, 취임하다, 당선되다'를 살펴볼 것이다.

**(1) '임명되다'의 경우**

꼬꼬마에서 '임명되다' 앞에 '에'의 실현 여부 경우는 하나밖에 없다. 표현 유형은 문장 외부 문장 성분이다. 수집한 자료에 따르면 '임명되다'

앞에 '에'가 반드시 실현하는 것이다.

'임명되다' 앞에 '에'가 실현되는 경우이고 대부분 문장 중에 위치한다.

예 사마천은 부친의 뜻을 이루겠노라고 눈물로 서약하였고 그로부터 3년 뒤 부친의 뒤를 이어 **태사령에 임명되었으니** 이때 그의 나이 36세였다

### (2) '취임하다'의 경우

꼬꼬마에서 '취임하다' 앞에 '에'의 실현 여부 경우는 두 가지 있고 표현 유형은 문장 외부 문장 성분 앞에 실현과 비실현이다. 수집한 자료에 따르면 '취임하다' 앞에 '에'의 실현 여부의 표현 양상은 실현 빈도가 높고 비실현 빈도가 낮은 것이다.

우선 '취임하다' 앞에 '에'가 실현되는 경우이고 대부분 문장 중에 위치한다.

예 오히려 주민들은 김정일이 **국가주석에 취임하면** 보다 과감한 개혁정책이 나와 생활형편이 나아질 것으로 기대하고 있다는 것이다.

다음으로 '취임하다' 앞에 '에'가 비실현되는 경우이고 대부분 문장 중과 문장 말에 위치한다.

예 ㄱ. 이어 부시 대통령은 15일 **취임한** 후진타오 중국 국가주석에게 전화를 걸어 취임을 축하했다.

ㄴ. 이 사장은 보스턴컨설팅 서울사무소 부사장과 두루넷 사장을 거

처 지난 5월 옥션 사장으로 선임돼 지난 2일 **취임했다**.

(3) '당선되다'의 경우

꼬꼬마에서 '당선되다' 앞에 '에'의 실현 여부 경우는 두 가지 있고 표현 유형은 문장 외부 문장 성분 앞의 실현과 비실현이다. 수집한 자료에 따르면 '당선되다' 앞에 '에'가 실현되는 것의 빈도가 높고 비실현되는 빈도가 낮다.

우선 '당선되다' 앞에 '에'가 실현되는 경우이고 대부분 문장 중과 문장 말에 위치한다.

예 ㄱ. 페로가 **대통령에 당선될** 가망이 없었다는 것은 본인은 물론 그의 지지자들, 그리고 거의 모든 미국인들이 짐작했던 일이었다.
ㄴ. 이날 선거에서는 3명의 후보가 추천됐으며, 이교수가 과반수 이상을 득표해 **의장에 당선됐다**.

다음으로 '당선되다' 앞에 '에'가 비실현되는 경우이고 대부분 문장 중에 위치한다.

예 15대 국회의원선거 결과의 가장 대표적 특징은 여야를 막론하고 신인들이 **대거 당선된** 것이다.

위에 있는 예문을 통해 보면 역할/자격 의미 위치를 표지할 때 '에'의 실현과 비실현의 표현 유형은 실현의 빈도가 높고 비실현의 빈도가 낮은 것과 반드시 실현을 포함한다. 표현 양상은 모두 문장 외부 문장 성분이다.

### 2.3.7 나열 의미 위치[12]

#### 2.3.7.1 나열 의미 분석

'나열' 의미를 표현할 때 자주 나타나는 형식은 'NP에 NP에 NP에… VP'이다. 일반적으로 여러 개 명사나 명사구가 같이 나타나는 것이다.

예 과일에 음료수에 잔뜩 지고 갔다.

예문에서 어떤 사람은 많은 사물을 가지고 간다. 이런 의미는 문장이 제공되고 가지는 사물들이 많은 종류로 나눌 수 있고 배경이 된다. 그 배경 중 '과일', '음료수' 등이 있다. '과일', '음료수'는 전경으로 되어 배경에서 차지하는 위치가 '에'로 표지된다. '나열' 의미는 명사 간의 일일이 나타나는 것과 서술어가 같이 제공한다.

#### 2.3.7.2 실현 여부 현상

나열 의미 위치를 표현하는 예문이 많은데 독립적으로 나열 의미를 대표할 수 있는 단어를 정리하는 것은 쉽지 않다. 일반적으로 '에'가 명사나 명사구 뒤에 나타나는 후 명사나 명사구도 나타난다. 그래서 대표적인 단어를 찾는 것이 쉽지 않다. 바로 책에서 이미 나오는 예문을 선택하여 연구할 것이다. 자료를 수집하는 과정 중 '에'의 실현과 비실현

12 본절의 예문은 이희자·이종희의 「사전식 텍스트분석적 국어 조사의 연구」에서 나온다.

현상이 있고 대부분은 문장 앞과 문장 말에 위치한다. 표현 양상은 실현과 비실현의 빈도가 비슷한 것으로 본다.

우선 '에'가 실현되는 현상이다.

예 ㄱ. **화려한 집에, 아름다운 옷에, 맛나는 음식에** 무엇 하나 부족함이 없다.
ㄴ. 노점상인데도 **사과에 배에 귤에** 없는 게 없이 다 있었다.

다음으로 '에'가 비실현되는 현상이고[13] 문장 앞과 문장 중에 위치한다.

예 ㄱ. **화려한 집, 아름다운 옷, 맛나는 음식** 무엇 하나 부족함이 없다.
ㄴ. 노점상인데도 **사과, 배, 귤** 없는 게 없이 다 있었다.

위격조사가 비실현될 때 쉼표로 분리하여 나열 의미 위치도 나타날 수 있다.

### 2.3.8 수단/방법 의미 위치[14]

수간/방법 의미를 표현하는 단어가 많지 않다. 일상 생활에서 대부분은 구체적인 언어 환경을 통해 표현한다. 그래서 직접 문법책에서 나오는 예문을 통해 '에'의 실현과 비실현의 양상을 살펴볼 것이다. 결과

---

13 필자 인위적인 방법으로 '에' 빼고 완전한 문장인지 측정한다.

14 본절의 예문은 이희자·이종희의 「사전식 텍스트분석적 국어 조사의 연구」에서 나온다.

는 '에'가 실현되는 예문이 있고 문장 외부 문장 성분으로 나타난다. 문장 중에 위치한다.

예 철수는 적군의 총**에** 죽었다.

위격 조사가 비실현되면 정확한 문장이 아니다. 그래서 수단/방법 의미 위치를 표지할 때 위격조사 '에'가 반드시 실현하는 것이라고 생각한다.

'수단/방법'의미를 표현할 때 일반적으로 나타나는 형식은 'NP에 VP'이고 '에' 뒤에 직접적으로 동사나 서술절이 나타날 수 있다.

예문에서 '철수는 죽었다' 중 철수가 죽는 원인이 많다. 예를 들어 '병이 나다, 부주의로 넘어지다, 총을 맞다' 등이고 배경이 된다. 문장에서 나오는 '적군의 총'은 전경이 되어 배경에서 차지하는 위치가 '에'로 표지된다. '수단/방법' 의미는 '적군의 총'으로 표현된다.

### 2.3.9 조건/환경/상태 의미 위치

#### 2.3.9.1 조건/환경/상태 의미 분석

'조건/환경/상태' 의미를 표현할 때 자주 사용하는 형식이 'NP에 VP'이다. 'VP'는 서술어다.

예 실업자 주제에 감히 내 딸을 넘보다니, 이 나쁜 놈.

예문에서 '내 딸을 넘보다'의 조건은 많다. 예를 들어 '선생님, 학생,

사장, 실업자' 등이다. 그것은 배경이 된다. 문장에서의 '실업자 주제'는 배경 중의 하나이고 전경이다. 배경에서 차지하는 위치는 '에'로 표지된다. '조건'의 의미는 문장의 성분이 '실업자 주제'로 표현된다.

#### 2.3.9.2 실현 여부 현상

조건/환경/상태 의미 위치와 관한 대표적인 단어가 다양하다. 예를 들어 '잠기다, 빠지다, 겹다, 적다, 가리다, 차다, 찌들다, 속다, 마땅에' 등이 있다. 본고는 '잠기다, 가리다, 찌들다'를 살피고자 한다.

**(1) '잠기다'의 경우**

꼬꼬마에서 '잠기다' 앞에 '에'의 실현 여부 경우는 두 가지가 있고 표현 유형은 문장 외부 문장 성분의 실현과 비실현이다. 수집한 자료에 따르면 '잠기다' 앞에 '에'의 실현 여부의 표현 양상은 실현 빈도가 높고 비실현 빈도가 낮은 것이다.

우선 '잠기다' 앞에 '에'가 실현되는 경우이고 대부분 문장 중과 문장 말에 위치한다.

예 ㄱ. 한편 식수로 이용하는 상수원의 **만입부에 잠긴** 물은 부영양화되기 쉽다.
ㄴ. 수녀는 다시 **침묵에 잠겼다**.

다음으로 '잠기다' 앞에 '에'가 비실현되는 현상이고 대부분 문장 중에 위치한다.

**예** 나의 눈을 끝까지 아름답게 하기 위해 저녁놀 **잠긴** 하늘 그림자 오래 오래 보고 돌아눕겠습니다.

### (2) '가리다'의 경우

꼬꼬마에서 '가리다' 앞에 '에'의 실현 여부 경우는 하나밖에 없고 문장 외부 문장 성분이다. 수집한 자료에 따르면 '가리다' 앞에 '에'의 실현 여부 표현 양상은 반드시 실현하는 것이다.

우선 '가리다' 앞에 '에'가 실현되는 경우이고 대부분은 문장 중에 위치한다.

**예** 아이의 얼굴은 앞에 선 두 아이의 **어깨에 가려** 간신히 코 윗부분만 나와 있을 뿐이었다.

### (3) '찌들다'의 경우

꼬꼬마에서 '찌들다' 앞에 '에'의 실현 여부 경우는 하나이고 문장 외부 문장 성분이다. 수집한 자료에 따르면 '찌들다' 뒤에 '에'의 실현 여부 표현 양상은 반드시 실현하는 것이다.

우선 '찌들다' 앞에 '에'가 실현되는 경우이고 대부분 문장 앞과 문장 중에 위치한다.

**예** ㄱ. **가난에 찌들어** 이 눈치 저 눈치 살피며 사는 인생이야말로 가장 슬픈 것이다.

ㄴ. 검은 얼굴에 둥근 눈과 이빨만이 반짝이는 그의 표정은 아직 프

놈펜의 **세파에 찌들지** 않았는지 순박하고 선량해 보인다.

선택된 단어를 통해 조건/환경/상태 의미 위치를 표현할 때 '에' 실현 여부의 표현 양상은 두 가지로 나누어 있다. 실현 빈도가 높고 비실현 빈도가 낮은 것과 반드시 실현하는 것이다. 표현 유형은 모두 문장 외부 문장 성분이고 위치만 다르다.

### 2.3.10 강조 의미 위칙

#### 2.3.10.1 강조 의미 분석

'강조'의 의미를 표현할 때 일반적으로 사용하는 형식은 'NP에 NP/VP'이다. '강조' 의미도 '에'로 표현하지 않아 '에' 앞에의 명사의 중복, 단어의 의미, 어미의 의미 등을 통해 표현된다. '에'는 그 명사나 단어 등은 문장이 제공하는 배경에서 차지하는 위치를 표지한다.

예 이렇게 후퇴에 후퇴를 거듭하면서 이 곳까지 쫓겨 왔다.

예문에서 '후퇴'의 기초 위에 '후퇴'를 추가하여 두 명사가 같이 사용하는 것은 '강조'의 의미를 표현할 수 있다. '에'가 표지하는 것은 첫번째 '후퇴'의 위치에 두번째 '후퇴'가 나타나는 것이다. 이때 두 전경은 계속 나타나는 위치가 문장 언어 환경이 제공하는 배경에서 차지하는 위치는 '에'로 표지한다.

### 2.3.10.2 실현 여부 현상

강조 의미 위치를 표현하는 대표적인 단어가 적다. 예를 들어 '그럴수록, 반면, 대신, 피차' 등이다. 본고는 '반면, 대신, 피차'를 살펴볼 것이다.

#### (1) '반면'의 경우

꼬꼬마에서 '반면' 뒤에 '에'의 실현 여부 경우는 두 가지 있다. 표현 유형은 문장 외부 문장 성분 뒤의 실현과 비실현이다. 수집한 자료에 따르면 '반면' 뒤에 '에'의 실현 여부의 표현 양상은 실현되는 것의 빈도가 낮고 비실현되는 것의 빈도가 높은 것이다.

우선 '반면' 뒤에 '에'가 실현되는 경우이고 대부분 문장 앞과 문장 중에 위치한다.

예 ㄱ. **반면에** 주술기자는 천하고 굴욕적이며 힘든 것을 참아내어 이런 사물들이 갖고 있는 영감을 전염 받아 수태하고자 한 것이다.
ㄴ. 동구 국가들에서 각종 차별이 가장 심각하지 않은 **반면에** 성차별과 인종차별에서는 북미에서 높게 나타났다.

다음으로 '반면' 뒤에 '에'가 비실현되는 경우이고 일반적으로 문장 앞과 문장 중에 위치한다.

예 ㄱ. **반면** 개인투자자들의 토지매입 심리가 다소 풀려 소폭의 가격상승은 예상되고 있다.
ㄴ. 임신부에게 특정한 음식을 금지시키는 **반면**, 임신부 자신의 건강과 태아를 위하여 보신시키는 음식을 먹이기도 한다.

### (2) '대신'의 경우

꼬꼬마에서 '대신' 뒤에 '에'의 실현 여부 경우는 두 가지 있다. 표현 유형은 문장 외부 문장 성분 뒤의 실현과 비실현이다. 수집한 자료에 따르면 '대신' 뒤에 '에'의 실현 여부의 표현 양상은 실현되는 것의 빈도가 낮고 비실현되는 것의 빈도가 높은 것이다.

우선 '대신' 뒤에 '에'가 실현되는 경우이고 일반적으로 문장 앞과 문장 중에 나타난다.

> 예 ㄱ. 그 **대신에** 빚을 준다, 자금을 대준다 카는데 둘 다 안했으마 좋겠다.
> ㄴ. 조선 시대에는 민주 정치 **대신에** 전제 정치를 했으며, 제도가 지방 분권 대신에 중앙 집권이었다.

다음으로 '대신' 뒤에 '에'가 비실현되는 경우이고 대부분 문장 앞과 문장 중에 나타난다.

> 예 ㄱ. **대신** 영훈이에게 숙제를 하나 내겠습니다.
> ㄴ. 은행은 보험회사의 상품을 팔아주는 **대신** 수수료를 받는다.

### (3) '피차'의 경우

꼬꼬마에서 '피차' 뒤에 '에'의 실현 여부 경우는 두 가지 있다. 표현 유형은 문장 외부 문장 성분의 실현과 비실현이다. 수집한 자료에 따르면 '피차' 뒤에 '에'의 실현 여부 표현 양상은 실현되는 것의 빈도가 높고 비실현되는 것의 빈도가 낮은 것이다.

우선 '피차' 뒤에 '에'가 실현되는 경우이고 대부분 문장 앞과 문장 중에 나타난다.

예 ㄱ. **피차에** 그것이 편할지도 모른다.
ㄴ. 분녀와의 사이에는 그가 그렇게 출세했을 후의 언약이 **피차에** 은연중에 맺어졌던 것이다.

다음으로 '피차' 뒤에 '에'가 비실현되는 경우이고 대부분은 문장 앞과 문장 중에 나타난다.

예 ㄱ. **피차** 더 이상 참을 수 없게끔 감정이 고조되면 그 다음 차례는 으레 예정된 방향으로 진행된다.
ㄴ. 다시 말씀드리면 **피차** 솔직하지 못했다는 거예요.

위에 있는 예문을 통해 강조 의미 위치를 표지할 때 '에'의 실현 여부의 표현 양상은 실현되는 것의 빈도가 높고 비실현되는 것의 빈도가 낮은 것과 실현되는 것의 빈도가 낮고 비실현되는 것의 빈도가 높은 것이 있다. 표현 유형을 보면 다 문장 외부 문장 성분으로 나타나고 위치가 다르다.

### 2.3.11 범위 의미 위치

#### 2.3.11.1 범위 의미 분석

'범위'의 의미를 표현할 때 일반적인 표현 양상은 'NP에 VP'이다. 자주 사용하는 동사는 '이르다, 걸치다' 등이다.

예 열여섯에서부터 열아홉에 이르는 고급 중학교 학생들.

예문에서 '열여섯에서부터 XX이르는 고급 중학교 학생들'의 수는 15부터 아무 수가 될 수 있다. 이 많은 수가 배경이 된다. 문장에서 나오는 '열아홉'이 배경에서 차지하는 위치는 '에'로 표지된다. '범위'의 의미는 문장 성분으로 표현된다.

위에 예를 통해 'NP'후의 'VP'는 대부분은 '도착하다, 경과하다' 등 동사로 맡아 앞에 나오는 'NP'와 같이 '범위'의 의미를 표현할 수 있다.

### 2.3.11.2 실현 여부 현상

범위 의미 위치를 표현할 수 있는 대표적인 단어가 많지 않아서 '속하다, 포함되다'를 살펴볼 것이다.

#### (1) '속하다'의 경우

꼬꼬마에서 '속하다' 뒤에 '에'의 실현 여부 경우는 두 가지 있다. 표현 유형은 문장 외부 문장 성분의 실현과 비실현이다. 수집한 자료에 따르면 '속하다' 앞에 '에'의 실현 여부의 표현 양상은 실현되는 것의 빈도가 높고 비실현되는 것의 빈도가 낮은 것이다.

우선 '속하다' 앞에 '에'가 실현되는 경우이고 대부분 문장 중과 문장 말에 나타난다.

예 ㄱ. 언제나 여자로부터 듣게 마련인 이 잔소리라는 것도 아마 그런 **종류에 속하는** 모양이었다.

ㄴ. 즉 태아를 위해 마음을 바르게 하고, 좋은 말을 듣는 '태교(胎

敎)'가 바로 **여기에 속한다**.

다음으로 '속하다' 앞에 '에'가 비실현되는 경우이고 대부분 문장 중과 문장 말에 위치한다.

예 ㄱ. 중고 교사를 맞바꾸기 일년 전에 교장은 임무를 마치고 **본디 속해** 있었던 종교단체로 돌아갔다.

ㄴ. 대표적으로 경제 협력이 **여기 속한다**.

### (2) '포함되다'의 경우

꼬꼬마에서 '포함되다' 앞에 '에'의 실현 여부 경우는 두 가지 있다. 표현 유형은 문장 외부 문장 성분의 실현과 비실현이다. 수집한 자료에 따르면 '포함되다' 앞에 '에'의 실현 여부의 표현 양상은 실현되는 것의 빈도가 높고 비실현되는 빈도가 낮은 것이다.

우선 '포함되다' 앞에 '에'가 실현되는 경우이고 대부분 문장 앞, 문장 중 및 문장 말에 나타난다.

예 ㄱ. **구속기간에 포함되지** 않는 시간은 분명 불법감금죄에 해당하는 범죄행위이다.

ㄴ. 셋째, 연방정부의 **연구비에 포함되는** 간접비가 연구중심대학의 수입이므로 연방정부의 연구정책은 대학들의 행동에 큰 영향을 미친다.

ㄷ. 따라서 영리를 추구하지 않지만 공익도 추구하지 않는, 즉 단체 구성원의 공동이익을 추구하는 단체도 **비영리단체에 포함된다**.

다음으로 '포함되다' 앞에 '에'가 비실현되는 경우이고 대부분 문장 중과 문장 말에 위치한다.

예 ㄱ. 거기 **포함될** 내용은 크게 나누어 두 가지이다
ㄴ. 왜냐하면, 그것은 객관적이고 계량적인 예측이라기보다 조기 종전과 전후 복구 참여, 그리고 세계 경기의 회복이라는 다분히 심리적이고 희망적인 기대치를 은연 중 **포함하고** 있기 때문이다.

위에 있는 예문을 통해 범위 의미 위치를 표현할 때 '에' 실현 여부의 표현 양상은 모두 실현되는 것의 빈도가 높고 비실현되는 것의 빈도가 낮은 것이다. 표현 유형은 모두 문장 외부 문장 성분으로 나타난다.

### 2.3.12 비교/비유 의미 위치

#### 2.3.12.1 비교/비유 의미 분석

'비교/비유'의 의미를 표현할 때 자주 사용하는 형식은 'NP에 비기다/비교하다/비유하다'다. 뒤에 사용하는 동사는 '비교/비유'의 의미를 가지고 있다.

예 금전도 명예도 외모도 사랑에 비길 만한 것은 못 됩니다.

예문에서 '금전, 명예, 외모'와 같이 비교할 수 있는 것은 많다. 예를 들어 '사랑, 지위, 명예' 등이다. 이런 것은 배경이 된다. '사랑'이 문장에서 전경이 되어 문장이 제공하는 배경에서 추상 관계 위치가 차지하는 위치는 '에'로 표지한다. '비교'의 의미는 '비기다'로 맡는다.

### 2.3.12.2 실현 여부 현상

비교/비유 의미 위치를 표현할 수 있는 대표적인 단어가 다양하다. 예를 들어 '비기다, 비교하다, 비유하다, 가깝다, 필적하다' 등이다. 본고는 '비기다, 비교하다, 비유하다'를 살펴볼 것이다.

#### (1) '비기다'의 경우

꼬꼬마에서 '비기다' 앞에 '에'의 실현 여부 경우는 두 가지 있다. 표현 유형은 문장 외부 문장 성분의 실현과 비실현이다. 수집한 자료에 따르면 '비기다' 앞에 '에'의 실혀 여부의 표현 양상은 실현되는 것의 빈도가 높고 비실현되는 빈도가 낮은 것이다.

우선 '비기다' 앞에 '에'가 실현되는 경우이고 대부분 문장 중과 문장 말에 나타난다.

예 ㄱ. 거리를 다니며 혼탁한 공기로 사람들의 인상을 찌푸리게 하는 자극적인 **향수에 비길** 수가 없다.
ㄴ. 아이들의 인생을 아마추어 스포츠에 비한다면 어른들의 인생은 프로 **스포츠에 비길 수 있다**.

다음으로 '비기다' 앞에 '에'가 비실현되는 경우이고 일반적으로 문장 중에 나타난다.

예 그러니까 구약은 **거기 비긴다면** 아직도 겉의 세계고, 이 신약에 들어오면 영 말이 도무지 다르잖아요.

### (2) '비교하다'의 경우

꼬꼬마에서 '비교하다' 앞에 '에'의 실현 여부 경우는 두 가지 있다. 표현 유형은 문장 내부 문형의 비실현과 문장 외부 문장 성분의 실현이다. 문형은 '와/과 비교하다'이다. 수집한 자료에 따르면 '비교하다' 앞에 '에'의 실현 여부 표현 양상은 실현되는 것의 빈도가 낮고 비실현되는 것의 빈도가 높은 것이다.

우선 문장 내부 문형 '와/과 비교하다' 앞에 '에'가 비실현되는 경우이고 대부분은 문장 중과 문장 말에 나타난다.

예 ㄱ. 그래서 '건강'**과 비교해** 노화의 개념을 설명하는 방법을 찾게 된다.
ㄴ. 친정 어머니께선 내가 새벽밥 하는 걸 보시고 수험생 때와 꼭 같다고 말씀하셨지만 어찌 수험생 때**와 비교하랴**.

다음으로 문장 외부 문장 성분으로 나타날 때 '비교하다' 앞에 '에'가 실현되는 경우이다. 일반적으로 문장 중에 나타난다.

예 평단의 반응은 데뷔작 (돼지가 우물에 빠진 날)에 대한 만장일치의 **극찬에 비교하면** 다소 쌀쌀해졌다.

### (3) '비유하다'의 경우

꼬꼬마에서 '비유하다' 앞에 '에'의 실현 여부 경우는 하나만 있다. 표현 유형은 문장 외부 문장 성분의 실현이다. 수집한 자료에 따르면 '비유하다' 앞에 '에'의 실현 여부의 표현 양상은 반드시 실현하는 것이다.

우선 '비유하다' 앞에 '에'가 실현되는 경우이고 대부분은 문장 앞, 문장 중 및 문장 말에 나타난다.

예 ㄱ. **소설에 비유하여** 말하자면, 전통적인 소설의 선형적인 면이 파괴되어 간다는 뜻인데, 이러한 현상을 변화의 측면에서 설명하다 보면 학생들은 자연 소설의 변화를 머릿속에 상정할 것이다.
ㄴ. 이 공정은 **양복재단에 비유하자면** 옷감을 가위로 자르는 공정.
ㄷ. 그래서 소비문명은 흔히 **코카콜라에 비유된다**.

위에 있는 예문을 통해 비교/비유 의미 위치를 표현할 때 '에' 실현 여부의 표현 양상은 반드시 실현되는 것, 실현되는 것의 빈도가 높고 비실현 되는 것의 빈도가 낮은 것 및 실현되는 것의 빈도가 낮고 비실현되는 빈도가 높은 것 세 가지를 포함한다. 표현 유형은 문장 내부 문형과 문장 외부 문장 성분이 있으며 위치가 다양하다.

## 2.4 소결

추상 관계 위치의 경우는 다음과 같다.

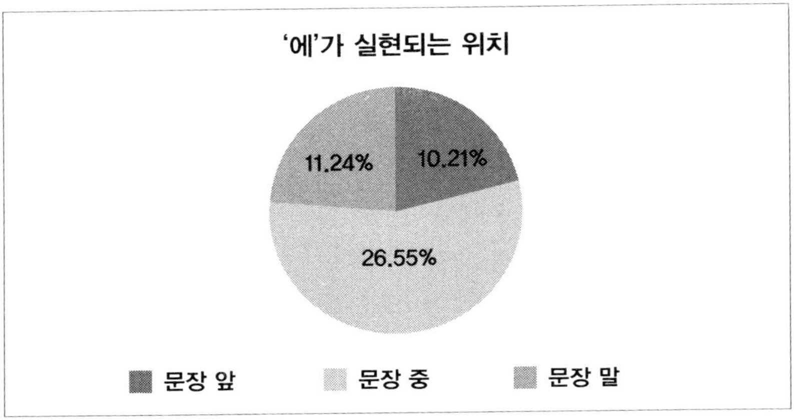


〈그림 25〉 추상 관계 위치 중 '에'가 실현되는 위치

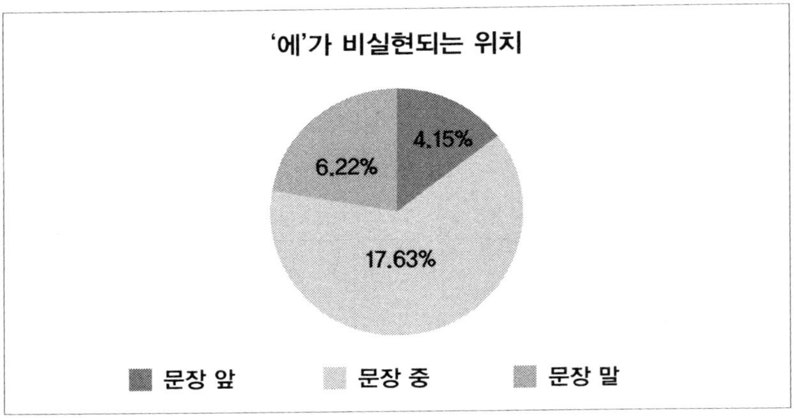


〈그림 26〉 추상 관계 위치 중 '에'가 비실현되는 위치

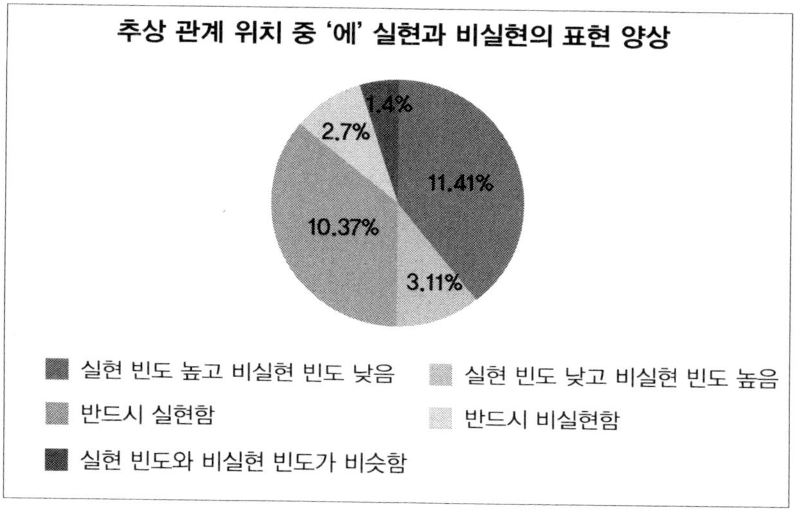


〈그림 27〉 추상 관계 위치 중 '에'의 실현 여부의 표현 양상

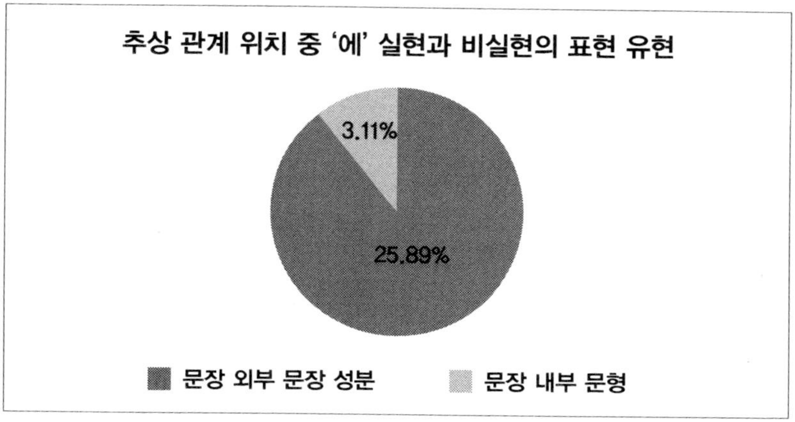


〈그림 28〉 추상 관계 위치 중 '에'의 실현 여부의 표현 유형

본장에서 우선 사전이나 문법책에서 나오는 '에'의 다양한 의미를 알아본다. 이기동(1981)의 관점에 따라 '에'의 본질적인 의미는 하나밖에

없다. 구체적인 예를 통해 '에'의 본질적인 의미는 비활동체의 '위치'를 표지하는 것을 확인한다. 배경의 의미를 표현하는 것은 문장에서의 성분이나 언어 환경이 제공하여 고석주(2011)에서 제출한 '에'의 의미가 아니다.

'에'가 표지하는 위치가 공간 위치, 시간 위치 및 추상 관계 위치로 나누어 구체적인 경우를 살폈다. 공간 위치나 시간 위치를 표현할 때 '에'는 'NP1'이 'NP2'의 배경에서 차지하는 것을 표지한다. 장소와 시간의 의미는 '에'의 앞에 명사와 뒤에 서술어로 표현하거나 사람들이 문장이 제공하는 언어 환경을 통해 알아볼 수 있는 내용이다. 추상 관계 위치를 표현할 때 'NP' 전경이 '에'를 통해 배경에서 차지하는 추상 관계 위치를 표지한다. 문장에서 나타나지 않는 배경은 일반적으로 사람들의 인지 능력을 통해 추리할 수 있기 때문에 주관성이 있다.

공간 위치를 표현할 때 많은 경우는 x, y, z축의 좌표로 이해할 수 있다. 시간 위치는 2차원 시간축을 통해 시간 위치를 알아볼 수 있고 '에'로 표지한다. 추상 관계 위치는 공간 위치나 시간 위치보다 정확하지 않다. 예문을 분석할 때 많은 추상 관계 위치는 공간 위치와 시간 위치의 영향을 받아 독립적으로 위치를 표현하지 않아서 한 층 더 문법화되는 경향이 있는 것 같다.

또는 실현 여부 현상을 보고 정리한다. '에'의 실현과 비실현 위치를 보면 세 가지 다른 위치 중 '에' 실현과 비실현의 위치는 일반적으로 문장 중에 있다. '에'의 실현 여부의 표현 양상은 다르다. 상대적으로 비대칭성을 볼 수 있다.

앞에 있는 의미 확대 방향은 공간 위치>시간 위치>추상 관계 위치에 따르면 일반적으로 공간 위치에서 '에'가 비실현되는 빈도가 제일 높고 추상 관계 위치에서 '에'가 비실현되는 빈도가 제일 낮다는 것을 추리할 수 있다. 그런데 정리한 현상을 통해 시간 위치에서 '에'가 비실현되는 빈도가 제일 높다. 이것은 의미 확대 방향과 다르다.

세 가지 다른 위치에서 '에'의 실현과 비실현의 표현 유형도 다르다. 시간 위치가 포함된 유형은 다양하고 네 가지를 포함한다. 공간 위치와 추상 관계 위치에서 표현 유형은 상대적으로 적다. 이것도 세 가지 다른 위치가 가지는 개별성이다.

'에'는 바로 비활동체의 위치를 표지하는 위격조사라고 할 수 있다. 공간 위치, 시간 위치 및 추상 관계 위치에서 '에'의 실현 여부 현상은 비대칭적으로 나타난다.

'에'의 본질적인 의미는 아래 도표로 표현할 수 있다.

**〈표 12〉** '에'의 본질적인 의미

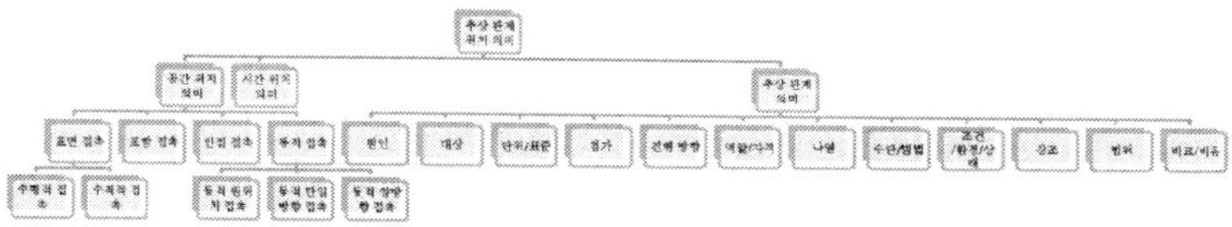

# 3

# '에' 실현 여부 현상의 원인

# 제3부 '에' 실현 여부 현상의 원인

제2장에서 '에'의 실현 현상을 수집하여 정리한다. '에'의 실현 여부 현상은 비대칭적으로 나타나고 그 표현 양상과 표현 유형도 다르다. 앞에 내용을 통해 같은 범주에서 핵심적인 부분이 있고 주변 부분도 있는 것을 알아볼 수 있다. 이것은 '에'의 실현 여부 현상에 대해 영향을 줄 수 있는가? 왜 다른 위치에 다른 현상이 나타나는 원인은 밝힐 필요가 있다.

제3장은 '에'의 실현 여부 현상에서 나오는 표현 양상에 따라 말뭉치에서 나타난 대표적인 예를 통해 설명할 것이다.

## 3.1 '에' 실현 필수 현상

'에'가 반드시 실현되는 현상에서 공간 위치, 시간 위치 및 추상 관계 위치를 포함한다.

### 3.1.1 공간 위치

공간 위치 중 '에'가 반드시 실현되는 경우는 포함 접촉인 '없다'의 경우와 동적 원위치 접촉인 '출현하다'의 경우가 있다.

#### 3.1.1.1 포함 접촉

**(1) '없다'의 경우**

'없다'의 경우는 전형적인 '에'가 반드시 실현되는 현상이다.

우선 '없다' 앞에 '에'가 실현되는 경우이다.

예 ㄱ. 별님이는 새댁이 **집에 없으니**, 엄마가 휴대 전화에 전화할 것이라는 생각이 들었습니다.

ㄴ. 산수왕, 국어왕과 마찬가지로 이 학교에는 다른 **학교에 없는** 식물왕이란 것이 하나 더 있었다.

(ㄱ)에서 전경 '새댁이'는 배경 '집'에서 차지하는 위치는 '에'로 표지한다. 뒤에 '없다'를 통해 포함 접촉을 파악할 수 있다. '집에 없으니'는 전경의 위치는 배경 '집'에 포함되지 않는다. '에'가 없으면 문장은 중의 현상이 나타날 것이다. '집이 없다'의 뜻으로 이해할 수 있고 공간 위치를 표현하지 않아 존재 관계를 표현한다.

(ㄴ)에서 전경 '식물왕'은 배경 '학교'에서 차지하는 공간 위치는 '에'로 표지한다. '없다'를 통해 포함 접촉을 파악할 수 있다. '에'가 없으면 문장도 중의 현상이 있다. '학교에 없다'는 표현하는 것은 '학교 위치에서 이런 것은 없다'의 뜻이다. '에'가 비실현되면 '학교가 없다'로 이해할 수

있다.

그래서 '없다'의 반드시 실현되는 경우가 나타나는 원인은 의미적으로 보면 중의 현상이 있어서 경제성 원칙과 부합하지 않는다.

#### 3.1.1.2 동적 접촉

##### (1) '출현하다'의 경우

우선 '출현하다' 앞에 '에'가 실현되는 경우이다.

예 ㄱ. 20세기에 일어난 변화는 인류가 이 **지구 상에 출현한** 이후 몇백만 년 동안 겪은 변화를 능가한다.
ㄴ. 거대한 공업 도시가 **각지에 출현했다**.

수집한 자료에 따르면 '출현하다' 앞에 '에'가 비실현되는 예문이 없어서 '출현하다'의 경우에서 '에'가 반드시 실현된다고 생각한다.

(ㄱ)와 (ㄴ)에서 전경은 '인류가'와 '공업 도시'이고 배경은 '지구 상'과 '각지'다. 뒤에 '출현하다'를 통해 공간 위치의 동적 원위치 접촉을 알아볼 수 있다. 두 문장 모두 성분이 완전하다. '에'가 실현되는 원인은 다음과 같다. 우선 한국어 본질적인 속성으로 보면 수식 성분이 왼쪽에 위치하기 때문에 통사적인 표지로 표현하면 문장 구성 혼란을 피할 수 있다. 다음으로 화용적으로 보면 화자가 공간 위치를 강조하고 싶어 '에'를 통해 공간 위치를 부각시킬 수 있다. 마지막으로 '출현하다'와 관계가 있다. 동사의 사용 빈도가 앞에 있는 동사보다 낮고 '에'의 실현을 통해 문장 의미를 정확하게 전달할 수 있다.

### 3.1.2 시간 위치

시간 위치 중 '에'가 반드시 실현되는 경우는 'XX김'의 경우가 있다.

#### (1) 'XX김'의 경우

우선 'XX김'에서 나타나는 유형은 'V는/은 김에'이다.

예 ㄱ. 하는 의아한 눈초리로 바라보다가 이내 흐뭇한 마음으로 바뀌어 풀풀 나는 **김에** 고개를 처박고 라면을 후주죽거렸다.
ㄴ. 고생을 하는 **김에** 아주 해버리자고 생각했다.

(ㄱ)에서는 전경이 안 나타나고 배경은 일반적인 시간 개념이다. 전경은 '이내 흐뭇한 마음으로 바뀌어'와 '고개를 처박고 라면을 후주죽거렸다'다. 동작을 할 때 차지하는 시간 위치는 바로 '풀풀 나는 김에'안에의 '에'로 표지된다. (ㄴ)에서는 전경이 안 나타나고 배경은 이차원 시간이다. '고생을 하는'것과 '아주 해버리자고 생각했다'의 동작을 할 때 차지하는 시간 위치는 '에'로 표지된다.

'에'가 실현되는 원인은 몇 가지 있다. 첫 번째, 음률로 보면 'XX김'은 받침이 있어서 '에'가 실현되어야 음률 조화를 이룰 수 있다. 두 번째, 형식을 보면 한국어는 수식 성분이 일반적으로 문장 왼쪽에 위치한다. 문어에서 일반적으로 통사적인 표지가 나타난 후 문장 구성이 더 뚜렷해진다. 세 번째, 구조로 보면 'XX김'은 고정적인 문형이어서 일상 생활에서 사용 범위가 넓어서 다시 변화할 가능성이 별로 없다. 네 번째, 화자가 시간 위치를 부각시키기 위해 '에'가 실현된다. (ㄱ)과 (ㄴ)에서 시간 성분이 나타나는 위치는 모두 문장 중이고 내소외대 원칙에 따라 복잡성이 낮은 것은 문장 중에 배치되면 '에'의 실현은 정보를 부각시킬 수 있다.

### 3.1.3 추상 관계 위치

추상 관계 위치의 경우를 보면 '에'가 반드시 실현되는 위치가 원인 의미 위치, 대상 의미 위치, 단위 표준 의미 위치, 첨가 의미 위치, 역할/자격 의미 위치, 수단/방법 의미 위치, 조건/환경/상태 의미 위치 및 비교/비유 의미 위치를 포함한다.

#### 3.1.3.1 원인 의미 위치

원인 의미 위치 중 '에'가 반드시 실현되는 경우는 '칼'과 '비'의 경우가 있다.

**(1) '칼'의 경우**

우선 '칼' 뒤에 '에'가 실현되는 경우이다.

예 ㄱ. 둘 중의 하나도 살아 남지 않고 상대방의 **칼에** 둘이 다 쓰러진 것이다.
ㄴ. '**칼에** 베었어?'

수집한 자료에 따르면 '칼' 뒤에 '에'가 일반적으로 실현되어야 한다. '에'가 비실현되는 현상은 아직 찾지 못했다. 이것은 추상 관계 위치와 관련이 있다. 추상 관계 위치의 사용 빈도가 낮다. 그리고 앞에 있는 의미 확대 방향에 따르면 추상 관계 위치의 등급은 공간 위치와 시간 위치보다 낮다. 마지막으로 추상 의미의 사용 빈도 때문에 '에'가 비실현되면 중의 현상이나 정확하지 않은 문장이 될 가능성이 높다.

(ㄱ)에서 전경은 '둘'이고 배경은 안 나타난다. '상대방의 칼'은 전경이 배경에서 차지하는 위치를 표현한다. '에'는 전경이 배경에서 차지하는 원인 의미 위치를 표지한다. '에'가 비실현되면 원인 의미 위치를 파악하기가 어렵다. '칼이'가 주어로 이해하기 쉽고 문장의 의미가 변화될 것이다. 그리고 수식 성분이 모두 문장 왼쪽에 위치하는 것은 한국어의 본질적인 특징 중 하나다. 그러므로 문장 구조의 혼란을 없애기 위해 일반적으로 더욱 많은 통사적 표지가 필요하다.

(ㄴ)에서 문장의 전경과 배경은 모두 나타나지 않는다. 배경에서 차지하는 추상 관계 위치는 '칼'이다. 문장의 구조가 간단하지만 '에'의 실현을 통해 추상 관계 위치를 부각시킬 수 있다. 이렇게 함으로써 화용적인 효과를 얻을 수 있다.

### (2) '비'의 경우

우선 '비' 뒤에 '에'가 실현되는 경우는 '칼'의 경우와 비슷하다. 수집한 지료에 따라 반드시 실현되는 것에 속한다.

예 ㄱ. **비에** 젖은 나뭇잎들이 빙판처럼 미끄러웠다.

ㄴ. 7, 8월의 뜨거운 태양에 정말 비지땀을 흘리며 포스터를 붙였지만 장마로 인해 다음주면 여지없이 **비에** 망가져 버리기 일수였다.

(ㄱ)에서의 전경은 '나뭇잎들'이고 추상 관계 위치는 '비'에 있다. (ㄴ)에서는 전경이 나타나지 않고 추상 관계 위치는 '비'에 있다. 앞과 뒤에 문장 성분을 통해 여기에 원인 의미를 표현한다. '에'가 실현되는 원인은 세 가지 있다. 우선 부사어는 문장 앞에 위치하고 일반적인 어순과 다르다. '에'가 실현되어 문장 성분의 구성이 더 치밀하게 된다. 다음으로 '에'가 비실현되면 문장의 의미가 성립되지 않는다. 부사어 이외의 성분으로 이해한다면 원인 의미 위치를 표지하지 못할 것이다. 마지막으로 화자는 추상 관계 위치를 부각시키기 위해 '에'를 통해 실현된다.

#### 3.1.3.2 대상 의미 위치

대상 의미 위치 중 '에'가 반드시 실현되는 경우는 '매혹되다'의 경우가 있다.

**(1) '매혹되다'의 경우**

우선 '매혹되다' 앞에 '에'가 실현되는 경우이다.

예 ㄱ. 인체의 **아름다움에 매혹되는** 걸 탓하진 않겠네.
ㄴ. 인생에 취하듯이, 우리는 극 속에서 펼쳐지는 이 아름다운 **가상에 매혹된다**.

'매혹되다'의 식별 가능 정도가 낮다. 그래서 사용할 때 위격조사 '에'가 일반적으로 나타난다. '에'가 나타나지 않으면 정확한 문장을 만들 수 없다.

(ㄱ)와 (ㄴ)에서 대상 의미를 표현하는 성분은 문장 중과 문장 말에 나타난다. '에'가 실현되는 원인은 두 가지 있다. 의미를 보면 '에'가 비실현되면 중의 현상이 나타날 가능이 있다. 그리고 (ㄱ)에서 문장 중에 있는 성분은 복잡성이 낮아서 사람들의 관심을 끌지 못해서 화자가 대상 의미 추상 위치를 부각시키기 위해 '에'가 실현된다.

#### 3.1.3.3 단위/표준 의미 위치

단위/표준 의미 위치 중 '에'가 반드시 실현되는 경우는 '필적하다'의 경우가 있다.

**(1) '필적하다'의 경우**

'필적하다' 앞에 '에'의 실현 여부 경우는 하나밖에 없다. 문장 외부 문장 성분 앞에 '에'가 반드시 실현되는 경우이다.

우선 문장 외부 문장 성분 '필적하다' 앞에 '에'가 실현되는 경우이다.

예 ㄱ. 수주 변영로 **선생에 필적할** 만큼의 명정세월이었지만 한번도 자세가 흐트러진 적이 없었고 술좌석에서는 남을 말하는 일이 없었다.
ㄴ. 그것이 바로 다른 **문학장르에 필적할** 수 있는 한 방법론이기 때문이다.

'필적하다'의 식별 가능 정도는 '어울리다'보다 높지 않다. 그래서 일상생활에서 '에'가 반드시 실현된다.

(ㄱ)와 (ㄴ)에서 '선생', '문학장르', '필적하다'는 같이 단위/표준 의미를 표현한다. 뒤에 '에'가 실현되어 추상 관계 위치를 표지한다. '에'가 반드

시 실현되는 원인은 두 가지 있다. 하나는 화자가 추상 관계 위치를 부각시키기 위해 '에'를 통해 표지한다. 다른 하나는 한국어의 본질적인 특징은 수식 성분이 대부분 문장 왼쪽에 나타나고 더 많은 통사적인 표지가 필요한 것이다. 이렇게 함으로써 문장의 의미를 잘 구별할 수 있고 치밀한 문장 구성을 얻을 수 있다.

#### 3.1.3.4 첨가 의미 위치

첨가 의미 위치를 표현할 때 일반적으로 '에'가 실현된다. '에'가 비실현되면 정확한 의미를 전달하지 못한다. 그리고 첨가 의미는 특별해서 대부분은 전체 문장 성분으로 이해해야 해서 대표적인 단어를 찾기 어렵다.

다음으로 '에'가 실현되는 경우이다.

예 ㄱ. 오늘은 여편네 **자랑에** 내 자랑도 은근히 곁들여 해 나가기로 했다.
ㄴ. 정월 대보름이면 **오곡 밥에** 아홉 가지 나물을 장만하여 올려놓았다.

(ㄱ)와 (ㄴ)에서 '여편네 자랑에 내 자랑도', '오곡 밥에 아홉 가지 나물'은 같이 첨가 의미를 표현한다. (ㄱ)에서 '여편네 자랑'의 기초 위에 '내 자랑'을 첨가한다. (ㄴ)에서 '오곡 밥'의 기초 위에 '아홉 가지 나물'을 첨가한다. '에'가 실현되는 원인은 다음과 같다. 우선 한국어에서 수식 성분은 일반적으로 문장 왼쪽에 위치하기에 수식 성분이 많으면 각 수식 성분이 대응하는 의미와 기능을 잘 구별하지 못한다. 그래서 더 많은 통사적인 표지로 통해 구별한다. 다음으로 예문을 보면 '에'가 비실현되

면 정확한 문장 의미를 알 수 없다. 마지막으로 화자가 추상 의미 위치를 부각시키기 위해 '에'를 사용한다.

#### 3.1.3.5 역할/자격 의미 위치

역할/자격 의미 위치 중 '에'가 반드시 실현되는 경우는 '임명되다'의 경우가 있다.

**(1) '임명되다'의 경우**

'임명되다' 앞에 '에'의 실현 여부 경우는 하나가 있다. 문장 외부 문장 성분 앞에 '에'가 실현되는 경우이다.

우선 문장 외부 문장 성분 '임명되다' 앞에 '에'가 실현되는 경우이다.

예 ㄱ. 그 뒤 신종이 죽고 철종이 즉위하자, **재상에 임명되어** 구법을 부활시켜 재능을 발휘하였으나 병으로 세상을 떠났다.
ㄴ. 부시 행정부 출범 후 미 연방 정부 **고위직에 임명된** 한국계 인사가 투서 때문에 잇따라 3사람이나 물러났다.

(ㄱ)와 (ㄴ)에서 '재상', '미 연방 정부 고위직', '임명되다'는 같이 역할/자격 의미를 표현한다. '임명되다'의 식별 가능 정도가 낮고 사용 빈도도 낮다. 그래서 문장에서 사용할 때 앞에 '에'가 실현되는 가능이 크다. 원인은 다음과 같은 방향으로 생각할 수 있다. 우선 의미를 보면 '에'가 비실현되면 중의 현상이 존재한다. 뒤에 '재상으로', '미 연방 정부 고위직으로'와 같은 의미로 이해하기 쉽다. 이렇게 하면 역할/자격 의미의 추상 관계 위치를 제대로 표현할 수 없다. 다음으로 한국어의 특징

은 수식 성분은 문장 왼쪽에 위치하므로 수식성분을 잘 구별하지 못할 때 더 많은 통사적인 표지를 통해 표지해야 한다. 마지막으로 화자가 역할/자격 추상 의미 위치를 부각시키려면 '에'가 실현되어야 한다. 사람들은 어떤 정보를 부각시키고 싶을 때 유표적인 정보로 표현한다.

#### 3.1.3.6 수단/방법 의미 위치

수단/방법 의미를 표현할 때 대표적인 단어가 찾기가 어려워서 문장 성분으로 파악해야 한다. 수집한 자료에 따르면 위격조사 '에'의 실현 여부 경우는 하나만 있고 문장 외부 문장 성분 뒤에 '에'의 실현이다.

우선 문장 외부 문장 성분 뒤에 '에'가 실현되는 경우이다.

예 ㄱ. 당시 **배에** 탔던 사람들이 뭍으로 오르자 혹은 도끼에 혹은 칼에 죽임을 당했다고 한다.

ㄴ. 철수는 적군의 **총에** 죽었다.

(ㄱ)와 (ㄴ)에서 '배', '총', '타다', '죽다'는 같이 수단/방법 의미를 표현한다. 위격조사 '에'가 실현되는 원인은 몇 가지 있다. 우선 의미를 보면 '에'가 비실현되면 그 자리에 조사 '로, 을/를'로 대체할 수 있다. 다음으로 한국어의 본질적인 특징에 따라 통사적인 표지가 나타남으로써 더 완전한 문장이 되고 치밀한 문장 구성이 이루어진다. 마지막으로 화자가 추상 의미 위치를 부각시키기 위해 '에'의 실현을 통해 정보를 부각시켜 사람들의 주의를 환기시키는 작용을 한다.

### 3.1.3.7 존건/환경/상태 의미 위치

조건/환경/상태 의미 위치 중 '에'가 반드시 실현되는 경우는 '가리다'와 '찌들다'의 경우가 있다.

#### (1) '가리다'의 경우

'가리다' 앞에 '에'의 실현 여부 경우는 한 가지 뿐이다. 문장 외부 문장 성분 앞에 '에'가 반드시 실현된다.

우선 문장 외부 문장 성분 '가리다' 앞에 '에'가 실현되는 경우다.

예 ㄱ. 아이의 얼굴은 앞에 선 두 아이의 **어깨에 가려** 간신히 코 윗부분만 나와 있을 뿐이었다.

ㄴ. 물론 그러한 입장들은 냉전시대 이데올로기의 **그늘에 가려** 별주목을 받지 못했다.

(ㄱ)와 (ㄴ)에서 '어깨', '그늘', '가리다'는 같이 조건/환경/상태 의미를 표현한다. '에'는 '가리다' 앞에 실현되어 전경이 배경에서 차지하는 추상 관계 위치를 나타낸다. '가리다'의 식별 가능 정도와 사용 빈도가 높지 않아서 보통 '에'가 실현된다. 두 문장의 복잡 정도가 높아서 문어체로 표현될 때 한국어 본질적인 특징에 따라 통사적인 표지가 있는 편이다. 이렇게 하면 의미를 보다 정확하게 표현할 수 있을 뿐만 아니라 치밀한 문장 구성도 이루어진다. 만일 '에'가 비실현되면 '로, 을/를' 등 다른 조사로 이해할 수 있어서 의미가 달라질 수 있다. 마지막으로 조건/환경/상태를 표현하는 성분이 문장 중에 위치하고 수식 성분으로 사람의 주

의를 끌지 못해서 화자가 '에'의 실현을 통해 이 추상 관계 위치를 부각시킬 수 있다.

#### (2) '찌들다'의 경우

'찌들다' 앞에 '에'의 실현 여부 경우는 하나만 있다. 문장 외부 문장 성분 앞에 '에'의 실현이다.

우선 문장 외부 문장 성분 '찌들다' 앞에 '에'가 실현되는 경우이다.

예 ㄱ. **가난에 찌들어** 이 눈치 저 눈치 살피며 사는 인생이야말로 가장 슬픈 것이다.

ㄴ. 검은 얼굴에 둥근 눈과 이빨만이 반짝이는 그의 표정은 아직 프놈펜의 **세파에 찌들지** 않았는지 순박하고 선량해 보인다.

'찌들다'의 사용 빈도가 높지 않아 일반적으로 '에'가 실현된다. '에'가 비실현되면 중의 현상이 나타날 것이고 언어 교류에 대해 도움이 없다. (ㄱ)와 (ㄴ)에서 '가난', '세파', '찌들다'는 같이 조건/환경/상태 의미를 표현한다. '에'가 실현되는 원인은 몇 가지 있다. 우선 두 문장의 문체가 문어이고 한국어의 본질적인 특징에 따라 통사적인 표지가 필요하다. 다음으로 의미를 보면 '에'가 비실현되면 '이/가, 로'가 사용되는 문장으로 이해하기 쉽다. 그래서 '에'가 비실현되면 정확한 의미를 표현할 수 없다. 마지막으로 (ㄱ)에서 조건/환경/상태 의미를 표현하는 것은 문장 앞에 위치하고 뒤에 '에'가 실현되면 그 정보가 배경에서 차지하는 위치를 부각시킬 수 있다. (ㄴ)에서 추상 의미를 표현하는 정보는 문장 중에 있다. 내소외대 원칙에 따라 그 정보의 복잡성이 낮고 '에'가 실현되는 것을 통해 추상 관계 위치를 부각시켜서 사람들의 주의를 환기시킬 수 있다.

#### 3.1.3.8 비교/비유 의미 위치

'비교/비유'의미 위치 중 '에'가 반드시 실현되는 경우는 '비유하다'의 경우가 있다.

**(1)'비유하다'의 경우**

'비유하다' 앞에 '에'의 실현 여부 경우는 하나만 있고 문장 외부 문장 성분 앞에 '에'의 실현이다.

우선 문장 외부 문장 성분 '비유하다' 앞에 '에'가 실현되는 경우이다.

예 ㄱ. 이 공정은 **양복재단에 비유하자면** 옷감을 가위로 자르는 공정.
ㄴ. 그래서 소비문명은 흔히 **코카콜라에 비유된다**.

(ㄱ)와 (ㄴ)에서 '양복재단', '코카콜라', '비유하다'는 같이 비유 의미를 표현한다. '에'의 실현은 이 성분이 문장이 제공한 배경에서 차지하는 추상 관계 위치를 표지한다. 수집한 데이터에 따라 '비유하다'의 식별 가능 정도가 낮다. (ㄱ)와 (ㄴ)에서 '에'가 실현된 위치에 '로/으로'로 이해할 수 있어서 '에'의 실현은 중의 현상을 제거할 수 있다. 그리고 한국어에서 수식 성분이 모두 문장 왼쪽에 있어서 더 많은 통사적인 표지를 통해 뚜렷한 의미를 전달하도록 한다. 마지막으로 '에'의 실현도 '양복재단', '코카콜라'가 배경에서 차지하는 추상 위치에 대해 부각시키는 결과다.

## 3.2 '에' 실현 빈도 높고 비실현 빈도 낮은 현상

'에' 실현 빈도 높고 비실현 빈도가 낮은 현상은 공간 위치의 표면 접촉, 포함 접촉, 인접 접촉, 동적 접촉, 시간 위치 및 추상 관계 위치의 원인 의미 위치, 대상 의미 위치, 단위/표준 의미 위치, 역할/자격 의미 위치, 조건/환경/상태 의미 위치, 강조 의미 위치, 범위 의미 위치 및 비교/비유 의미 위치를 포함한다.

### 3.2.1 공간 위치

공간 위치 중 '에'의 실현 빈도 높고 비실현 빈도가 낮은 경우는 표면 접촉 중 수평적 접촉인 '붙다'의 경우, 수직적 접촉인 '기대다'의 경우, 포함 접촉인 '위치하다'의 경우, 인접 접촉인 '놓다'와 '잇다'의 경우, 동적 접촉 중 동적 원위치 접촉인 '살다'의 경우, '머무르다'의 경우, '거처하다'의 경우, '등장하다'의 경우, 동적 단일 방향 접촉인 '떨어지다'의 경우, '내리다'의 경우, '도착하다'의 경우 등이 있다.

#### 3.2.1.1 표면 접촉

**1. 수평적 접촉**

**(1) '붙다'의 경우**

우선 '붙다' 앞에 '에'가 실현되는 경우이다.

예 ㄱ. 비대한 몸집의 여자가 상체를 출렁거리면서 뛰어와 **버스에 붙은**

종이를 확인하고는 땀을 닦았다.

ㄴ. 그래도 방이 두 개에 마루 흉내를 낸 널쪽이 **앞쪽에 붙어** 있는 한 일자 형인데 황만근은 집에 있을 때면 늘 그곳에 앉아 있었다.

(ㄱ)에서 전경 '종이'가 배경 '버스'에 차지하는 공간 위치는 '에'로 표지한다. '붙다'로 통해 수평적 접촉을 파악할 수 있다. 문장의 구조가 복잡하고 문장 성분도 완전하다. 한국어는 왼쪽에 있는 성분이 많아서 '에'가 안 나타나면 의미와 구조의 혼란을 일으킬 수 있다.

(ㄴ)에서 전경 '널쪽이'는 배경 '앞쪽'에 차지하는 위치는 '에'로 표지한다. '붙다'로 통해 수평적 접촉을 파악할 수 있다. '에'가 실현되는 원인은 두 가지 있다. 하나는 (ㄱ)과 비슷하다. 다른 하나는 '앞쪽'은 받침이 있어서 다른 단음절 단어가 있어야 음률의 조화를 이룬다.

다음으로 '에'가 비실현되는 경우이다.

예 ㄱ. 그날 저녁 무렵에 그는 십리포구의 바닥쇠들과 **한바탕 붙을** 각오를 단단히 하고 돌아왔다.

ㄴ. 저런 나라는 도대체 **어디 붙었을까**.

(ㄱ)에서 전경 '각오'는 배경 '한바탕'에서 차지하는 위치가 문장 성분으로 추리할 수 있다. '붙다'를 통해 수평적 접촉을 표현하는 것이다. (ㄱ)와 (ㄴ)에서 '에'가 비실현되는 원인은 다음과 같다. 하나는 앞에 '저녁 무렵' 부분은 '에'로 시간 위치를 표지한다. 공간 위치의 등급은 시간 위치보다 높고 사용 빈도가 높다. 위격조사가 없어도 공간 위치 의미를 파악할 수 있다. 다른 하나는 '한바탕'은 장소의 의미를 표현할 수 있고

식별 가능 정도가 높아서 비실현될 수 있다.

수평적 접촉에서 '에' 실현과 비실현 현상이 모두 있다. 실현과 비실현의 현상이 상대적으로 대칭적인 양상으로 표현된다. 이것은 수평적 접촉은 일상생활에서 많이 나타나는 것과 관계가 있다.

## 2. 수직적 접촉

### (1) '기대다'의 경우

우선 '기대다' 앞에 '에'가 실현되는 경우이다.

예 ㄱ. 이인국 박사는 부신 불빛을 피하면서 **가로수에 기대어** 섰다.
ㄴ. 용기를 주고 아픔도 함께하며, 가녀린 여자 **어깨에 기대어** 다시 한번 인생을 살아 보고 싶어지지 않겠는가.

(ㄱ)에서 전경 '이인국 박사'는 배경 '가로수'에 차지하는 위치는 '에'로 표지한다. '기대다'를 통해 수직적 접촉을 알아본다. 문장의 어순이 정상하고 부사어는 문장 말에 나타난다. '에'가 실현되면 부사어를 표지할 수 있고 서술어 앞에 성분의 의미가 더 뚜렷하게 나타날 수 있다. 그리고 구조도 혼라하지 않게 된다.

(ㄴ)에서의 경우는 (ㄱ)와 비슷하다. 전경은 문장에서 나타나지 않았다. 배경은 '여자 어깨'이다. 전경이 배경에서 차지하는 공간 위치는 '에'로 표지한다. '기대다'를 통해 수직적 접촉을 알아본다. 부사어가 나타난 위치는 문장 중에 있다. 문장 복접성이 높아서 '에'로 표지해야 한다. 이렇게 하면 문장 의미가 더 뚜렷하고 공간 위치도 부각시킬 수 있다.

다음으로 '에'가 비실현되는 예문이고 하나밖에 없다.

예 석방 포로 이명준은, 오른편에 곧장 갑판으로 통한 사닥다리를 타고 내려가, 배 뒤쪽 난간에 가서, **거기 기대어** 선다.

예문에서 문장의 복잡성이 높다. 공간 위치를 표현할 수 있는 단어는 '오른편, 배 뒤쪽 난간'이 있다. 이런 경우에서 전경 '이명준'이 차지되는 공간위치의 배경은 '거기'이다. '거기'는 식별 가능 정도와 사용 빈도는 앞에 두 단어보다 높다. 그래서 화자가 공간 위치를 표현할 때 높은 식별 가능 정도를 갖추고 있는 성분에 대해 인지 혼란이 없다. 그리고 앞에 공간 위치를 표현하는 단어 뒤에 '에'가 이미 두번 나타나서 언어 가공 경제성에 따라 다시 한번 사용할 필요가 없다.

### 3.2.1.2 포함 접촉

#### (1) '위치하다'의 경우

우선 '위치하다' 앞에 '에'가 실현되는 경우이다.

예 ㄱ. 즉 사례는 큰 사회체계 내에서 개인이 **어디에 위치하고** 있는지 알려 주었다.

ㄴ. 서울 **도심에 위치한** 남편 직장까지의 출퇴근 시간을 고려해야 했고 내년이면 학교에 입학할 아이를 생각해 교육환경도 무시할 수 없었다.

(ㄱ)에서 전경 '개인'은 배경 '어디'에 위치한다. '위치하다'를 통해 포함

접촉을 판단할 수 있다. 문장은 문어이어서 '에'가 없으면 정식적인 문체가 될 수 없다. 그리고 언어 등급에 따라 주어 등 언어 등급이 더 높은 문장 성분 뒤에 격표지가 있을 때 등급이 낮은 부사어 뒤에 격표지가 있어야 한다.

(ㄴ)에서 전경 '남편 직장'은 배경 '서울 도심'에 차지하는 위치는 '에'로 표지한다. '위치하다'를 통해 포함 접촉을 판단할 수 있다. 부사어는 수식 성분으로 문장 앞에 나타나고 일반적으로 어순이 변화될 때 격표지가 있어야 한다. 내소외대 원칙에 따라 복잡성이 높은 문장 성분 뒤에 격표지가 더욱 있어야 한다. 그리고 공간 위치도 부각시켜서 의미가 뚜렷하다.

다음으로 '에'가 비실현되는 경우이다.

예 ㄱ. 동헌과 객사와 향청 3개의 커다란 영역으로 나누어지는데 상주와는 달리 향청이 동헌 **가까이 위치하는** 점이 다르다.

ㄴ. 세진은 간이식당 앞 아카시아 나무 그늘 **아래 위치한** 의자로 다가가 자리를 잡았다.

(ㄱ)에서 전경은 '향청'이 배경 '동헌 가까이'와 관한 관계는 '위치하다'를 통해 확인할 수 있고 포함 접촉이다. 위격조사 '에'가 나타나지 않는다. 부사어 성분은 문장 뒤에 위치하고 분지 방향 조화 원칙과 부합한다. 그리고 배경인 '가까이'의 식별 가능 정도가 높고 사용 빈도가 높다. 높은 식별 가능 정도를 갖추고 있는 성분인 공간 위치는 쉽게 파악할 수 있어서 표지할 필요가 없다.

(ㄴ)에서 전경 '세진'은 배경 '나무 그늘 아래' 간에 관계는 '위치하다'

를 통해 확인할 수 있다. 포함 접촉이다. 부사어 위치는 문장 말에 있고 정상적인 어순 및 분지 방향 조화 원칙과 부합한다. 그리고 '아래'의 식별 가능 정도가 높고 높은 식별 가능 정도를 갖추고 있는 성분은 위격조사가 비실현되어도 표현한 공간 위치를 쉽게 파악할 수 있어서 표지할 필요가 없다. 언어 가공 경제성과 부합한다.

#### 3.2.1.3 인접 접촉

##### (1) '놓다'의 경우

우선 '놓다' 앞에 '에'가 실현되는 경우이다.

예 ㄱ. 죽음이라는 현실을 **앞에 놓고** 죽음을 망각한 척 행동하는 것은, 하나의 현실 도피에 불과하다.

ㄴ. 엄마는 낮에는 신발 밑창 붙이는 일을 하고, 밤에는 언제부터인지 털실 뭉치를 **앞에 놓고** 뜨개질을 하느라 바빴다.

(ㄱ)와 (ㄴ)의 전경은 '죽음'과 '털실 뭉치'이다. 배경은 '현실 앞에'와 '엄마 앞에'이다. 모두 뒤에 있는 '놓다'를 통해 인접 접촉을 표현한다. 두 문장이 완전하여 구조가 복잡하다. 그리고 문어로써 격표지가 완전하다. 한국어는 문장 왼쪽에 문장 성분이 많고 더 많은 통사적인 표지를 통해 혼란을 가지지 않게 된다. 마지막으로 '앞'은 단음절 단어이기 때문에 뒤에 다른 단음절 단어가 붙여야 음률 조화를 이룰 수 있다.

다음으로 '에'가 비실현되는 경우이다.

예 ㄱ. '네 네, **거기 놓으세요.**'

(ㄱ)에서 전경이 나타나지 않는다. 배경은 '거기'이다. 위격조사가 비실현된다. 그 원인은 두 가지 있다. 하나는 문장은 구어체이고 간단하는 것은 교류도 편리하다. 다른 하나는 배경을 표시하는 단어 '거기'의 식별 가능 정도 높아 높은 식별 가능 정도를 갖추고 있는 성분은 식별하기도 쉽다.

### (2) '잇다'의 경우

우선 '잇다' 앞에 '에'가 실현되는 경우이다.

예 ㄱ. 한국은 지난해 내수 127만대 규모로 **일본에 이어** 아시아에서는 두 번째로 큰 시장.

ㄴ. **중국에 이어** 아시아에서 두번째 큰 나라이고 다민족·다종교, 그 위에 계급 제도가 있는 복잡한 생활 양식을 지닌 나라다.

(ㄱ)에서 전경은 '한국'이고 배경은 '일본'이다. (ㄴ)에서 전경이 안 나타나고 배경은 '중국'이다. 배경 뒤에 공간 위치를 부각시키는 '에'가 없다. '잇다'를 통해 인접 접촉을 판단할 수 있다. (ㄱ)에서 부사어는 문장 중에 위치하고 문장 성분이 완전하고 복잡하다. 통사적인 표지를 통해 문장 성분을 표지할 필요가 있다. (ㄴ)에서 부사어는 문장 앞에 위치하고 내소외대 원칙에 따라 수식 성분으로 문장 복잡성이 높아 위격조사가 실현되면 각 성분의 성질을 알아볼 수 있다. 각 문장 성분 간의 조화를 이룬다.

다음으로 '에'가 비실현되는 경우이다.

예 ㄱ. 지난 4월 21일부터 주택 구입 자금에 대한 융자 신청이 전면 **중단된 데 이어** 5·3 조처로 인해 건설 업체에 대한 금융 기관의 여신도 동결돼건설 업체들은 단기 운전 자금 조달에도 허덕이고 있는 실정이다.

ㄴ. 그러나 그 엇갈림은 정도의 차이일 뿐 7월 27일의 OPEC 원유 공시가 인상 결정과 그에 **뒤 이은** 쿠웨이트 사태가 고유가 시대를 앞당기는 연관 있는 시발이 될 것이라는 데에는 전문가들의 의견이 거의 일치하고있다.

(ㄱ)에서 전경은 '융자 신청'이고 배경은 '전면 중단된 데'이다. 문장 성분이 많고 부사어 성분은 공간 위치와 추상 관계 위치를 포함한다. 임지룡(1997:240-242)에 따르면 의미 확장의 전형적인 경로인 공간-시간-추상이다. 그래서 추상 관계 위치의 등급은 공간 위치보다 낮고 통사적 표지 더 필요하다. 공간 위치가 추상 관계 위치보다 쉽게 파악할 수 있어서 '에'가 비실현된다.

(ㄴ)에서 전경은 '쿠웨이트 사태가'이고 배경은 '그에 뒤'이다. 이 배경에서 '그에'는 이미 위격조사가 실현되어 인접 접촉의 공간 위치를 표시하므로 뒤에 반복적으로 나타날 필요가 없다. 언어가공의 경제성 원칙에 부합된다.

#### 3.2.1.4 동적 접촉

1. 동적 원위치 접촉

(1) '살다'의 경우

우선 '살다' 앞에 '에'가 실현되는 경우이다.

예 ㄱ. 수산 시장에서도 **물속에 살아** 움직이는 물고기들에게 산소를 공급하던 장치가 멈춰 수천 마리가 떼죽음을 당했다.
ㄴ. **땅에 사는** 뭇짐승 곤충, 날짐승, 바다의 물고기를 보라.

(ㄱ)에서 전경은 '물고기들'이고 배경은 '물속'이다. 뒤에 '살다'는 동적 원위치 접촉을 표현한다. 수식 성분은 서술어 왼쪽에 위치하고 문장 구조가 복잡하다. 통사적인 표지가 없으면 의미가 정확하지 않고 공간 위치를 부각시킬 수도 없다.

(ㄴ)에서 수식 성분은 문장 앞에 있다. 전경은 '뭇짐승 곤충, 날짐승, 바다의 물고기'이고 배경은 '땅'이다. '살다'를 통해 동적 원위치 접촉을 표현한다. 부사어는 문장 앞에 나타나는 것은 정상적인 어순과 부합하지 않아 통사적 표지 '에'를 통해 표현한다. 이렇게 함으로써 문장 구성이 치밀하고 공간 위치도 부각시킨다.

다음으로 '에'가 비실현되는 경우이다.

예 ㄱ. 상대 여자도 사라지고 없었고 동환은 그 여자가 **어디 사는지**, 이름이 뭔지도 몰랐다.
ㄴ. 십여 년 전 **감옥 살** 때에 단식 투쟁이란 걸 했는데 정말 사람이

할 짓이 아니었다.

(ㄱ)에서 전경은 '그 여자'이고 배경은 '어디'이다. 뒤에 '살다'를 통해 동적 원위치 접촉을 표현한다. 위격조사가 비실현되는 원인은 높은 식별 가능 정도를 갖추고 있는 성분은 직접 식별할 수 있다. '어디'는 식별 가능 정도가 높아 위격조사가 비실현되어도 공간 위치를 알아볼 수 있다.

(ㄴ)에서 전경이 안 나타나고 배경은 '감옥'이다. 공간 위치와 시간 위치를 표현하는 것이 뒤에 위격조사가 모두 비실현된다. 이것은 문장의 어순과 관계가 있다. 문장 구조가 간단하고 문장 앞에 있는 것은 쉽게 파악할 수 있다. 그리고 동일한 성분은 한번 이상 나타나면 언어 경제성 원칙과 부합하지 않는다.

### (2) '머무르다'의 경우

우선 '머무르다' 앞에 '에'가 실현되는 경우이다.

예 ㄱ. 물론 이런 **집에 머무르는** 기간은 대개 짧다.
ㄴ. 지난해 연말 북한에 송환된 주씨 가족은 올 초 다시 탈북해 **베이징에 머무르고** 있다.

(ㄱ)에서 전경이 안 나타나고 배경은 '집'이다. (ㄴ)에서 전경은 '주씨 가족'이고 배경은 '베이징'이다. 뒤에 '머무르다'를 통해 동적 원위치 접촉을 표현한다. 화자가 전경이 배경에서 차지하는 공간 위치를 부각시키고 싶다. '에'를 통해 부각시킬 수 있고 교류의 목적을 달성할 수 있다.

다음으로 '에'가 비실현되는 경우이다.

예 ㄱ. 이 되살아난 시간은 얼마나 오래 **여기 머물러** 있을까.
ㄴ. 나는 삶의 가장 미천한 곳에서 태어나 여지껏 **거기 머물러** 있습니다.

(ㄱ)의 전경은 안 나타나고 (ㄴ)의 전경은 '나'이다. 배경은 '여기'와 '거기'이다. 뒤에 있는 '머무르다'를 통해 동적 원위치 접촉을 알아볼 수 있다. 두 문장에서 배경인 '여기, 거기'는 모두 위치를 표현하는 대표적인 대명사이고 식별 가능 정도가 높을 뿐만 아니라 사용 빈도도 높다. 그래서 공간 위치 의미를 쉽게 파악할 수 있다. 이것은 식별도 우선 원칙과 언어 가공 경제성과 관한다.

### (3) '거처하다'의 경우

우선 '거처하다' 앞에 '에'가 실현되는 경우이다.

예 ㄱ. 그는 대중 앞에서의 긴장감이나 여행을 싫어했기 때문에, 빈에 있는 자기 **집에 거처하면서** 가르치는 것과 작곡하는 것으로 시간을 보낸다.
ㄴ. 당나라 군대를 뿌리치고 허겁지겁 이 곳에 도착하여 부리나케 성을 쌓고 방어 태세를 취하였던 대조영은 한숨을 돌리고 나서 **평지에 거처할** 곳을 다시 찾았을 것이다.

(ㄱ)와 (ㄴ)에서 전경은 '그는'과 '대조영은'이다. 배경은 '집'과 '평지'이다. 뒤에 '거처하다'는 동적 원위치 접촉을 표현한다. 두 문장이 모두 복잡하다. 그리고 한국어는 수식 성분이 모두 문장 왼쪽에 있어서 통사적인 표지가 없으면 문장 의미를 정확하게 표현할 수 없다. 그리고 공간 위치를 부각시킬 때 '에'가 실현되어야 한다.

다음으로 '에'가 비실현되는 경우이다.

예 그들은 지위에 걸맞게 격식을 갖춘 저택에 살면서도 후원에는 검소하게 농촌을 본떠 초당을 짓고 자질(子姪)들에게는 **거기 거처하며** 공부하게 하였다.

수집한 자료에 따르면 '거처하다'에서 '에'가 비실현되는 예문이 하나밖에 없다. 여기서 문장 전경은 '자질'이고 배경은 '거기'이다. 문장에서 공간 위치과 추상 관계 위치가 모두 있다. 여기서 서술어 앞에 부사어 때문에 공간 위치를 파악하는 게 어렵지 않다. 그리고 배경인 '거기'는 식별 가능 정도가 높고 식별하기 쉬워서 '에'가 실현되지 않아도 된다.

### (4) '등장하다'의 경우

우선 '등장하다' 앞에 '에'가 실현되는 경우이다.

예 ㄱ. 흔히 열리는 패션 쇼와 달리 **무대에 등장한** 모델들은 프로가 아닌 동네 주민들이었다.
ㄴ. 70만 재일교포를 주시청자로 한 24시간 한국어전문 위성채널이 오는 7월 **일본에 등장할** 전망이다.

(ㄱ)와 (ㄴ)에서 전경은 '무대'와 '일본'이다. 배경은 '모델들은'과 '한국어전문 위성채널이'다. '등장하다'를 통해 동적 원위치를 알아볼 수 있다. 여기서 위격조사 '에'가 실현되는 원인은 두 가지 있다. 하나는 한국어의 본질적인 특징이다. 수식 성분은 모두 문장 왼쪽에 위치해서 복잡하면 통사적 표지가 필요하다. 다른 하나는 화자가 전경이 배경에서 차

지하는 공간 위치를 부각시키기 위해 '에'로 표현한다.

다음으로 '에'가 비실현되는 경우이다.

예 ㄱ. **거기 등장하는** 인물은 모두 몇 사람인가?
ㄴ. 일본의 구로자와 아키라, 오쓰 야스지로, 타이의 허우샤 오시엔, 중국의 천카이거, 장이머우, 필리핀의 리노 브로카, 터키의 일마즈 귀니, 인도의 샤티아지트 레이 등이 **여기 등장한다**.

(ㄱ)와 (ㄴ)에서 전경은 '인물'과 '일본의 구로자와 아키라, 오쓰 야스지로, 타이의 허우샤 오시엔, 중국의 천카이거, 장이머우, 필리핀의 리노 브로카, 터키의 일마즈 귀니, 인도의 샤티아지트 레이 등'이다. 배경은 '거기'와 '여기'이다. (ㄱ)의 문장 구성이 간단하고 배경인 '거기'는 문장 앞에 위치한다. 문장 구성이 간단하면 다시 통사적 표지를 통해 위치를 표현할 필요가 없다. 여기의 위치 의미를 쉽게 파악할 수 있기 때문이다. (ㄴ)문장 구성이 복잡하고 배경으로 된 수식 성분의 위치가 정상적이다. 그런데 배경인 '여기'는 식별 가능 정도가 높을 뿐만 아니라 사용 빈도도 높다. 그래서 식별도 우선 도상성에 따라 '에'가 비실현되어도 의미를 뚜렷하게 표현할 수 있다. 언어 가공 경제성과 부합한다.

### 2. 동적 단일 방향 접촉

#### (1) '떨어지다'의 경우

우선 '떨어지다' 앞에 '에'가 실현되는 경우이다.

예 ㄱ. 그 바람에 지도가 **땅바닥에 떨어졌다**.

ㄴ. **화단에 떨어진** 모과를 주우면서 "항상 향기를 간직한 사람이 되어라" 하시던 선생님.

(ㄱ)에서 전경은 '지도'이고 배경은 '땅바닥'이다. 뒤에 '떨어지다'를 통해 동적 단일 방향 접촉을 판단할 수 있다. 문장 앞에 원인 의미 위치에 '에'가 이미 실현되는데 공간 위치를 표시할 때 '에'도 실현된다. 그래서 여기서 화자가 공간 위치를 부각시키고 싶다. 이렇게 하면 공간 위치를 더욱 두드러지게 나타날 수 있다. 다음으로 배경인 '땅바닥'은 받침이 있어서 위격조사가 붙여야 음률의 조화를 이루어질 수 있다.

(ㄴ)에서 전경은 '모과'이고 배경은 '화단'이다. 뒤에 '떨어지다'를 통해 동적 단일 방향 접촉을 판단할 수 있다. 공간 위치는 수식 성분으로 문장 앞에 나타나고 어순의 조화를 이루어지지 못하고 '에'가 실현되어야 한다. 이렇게 함으로써 어순의 조화를 이루어지고 문장 구성도 치밀하게 된다.

다음으로 '에'가 비실현되는 경우이다.

예 ㄱ. 그러므로 우리가 **여기 떨어진** 면이 있다고 해서 비관할 거 없어요.
ㄴ. 가파르게 달리고 달리다가 바위 밑으로 구르거나 절벽 **아래 떨어져** 죽고 싶었다.

(ㄱ)의 전경은 '우리'이고 (ㄴ)의 전경은 안 나타난다. 두 문장의 배경은 '여기'와 '아래'이다. 뒤에 '떨어지다'를 통해 동적 단일 방향 접촉을 판단할 수 있다. 문장의 배경인 '여기'와 '아래'는 식별 가능 정도가 높고 사용 빈도가 높다. '에'가 비실현되어도 위치를 표현하는 정보를 쉽게 파

악할 수 있다. 식별도 우선 도상성에 따라 위격조사 '에'가 비실현되면 가능하다.

### (2) '내리다'의 경우

우선 '내리다' 앞에 '에'가 실현되는 경우이다.

> 예 ㄱ. 그는 그 논들을 등지고 선 채 어깨에 걸치고 있던 가방을 자갈밭 **위에 내렸다**.
> ㄴ. 은행 **앞에 내렸을** 때 은행은 이미 영업시간이 지난 후였다.

(ㄱ)의 전경은 '가방'이고 (ㄴ)의 전경은 안 나타난다. 두 문장의 배경은 '자갈밭 위'와 '은행 앞'이다. 뒤에 있는 '내리다'를 통해 동적 단일 방향 접촉을 판단할 수 있다. (ㄱ)에서 공간 위치를 표현하는 성분은 문장 말에 위치한다. 그런데 공간 위치를 표현하는 성분이 이미 존재하기 때문에 '에'가 실현되어야 뒤섞는 것을 피한다. (ㄴ)에서도 같은 경우이다. 수식 성분이 문장 앞에 위치하고 '에'의 실현을 통해 문장 구성이 치밀하게 되고 어순 조화를 이루어진다. (ㄱ)와 (ㄴ)는 공간 위치를 표현하는 단어가 모두 단음절이고 뒤에 다른 단어를 붙이고 음률의 조화를 이루어질 수 있다.

다음으로 '에'가 비실현되는 경우이다.

> 예 하여튼 오해이었거나 말거나, 지금 새삼스럽게 구의(舊誼)를 이어보고자 **여기 내린** 것은 아니다.

'내리다'에서 위격조사 '에'가 비실현되는 예문이 많지 않고 하나밖에 없다. 문장에서 전경은 '구의'이고 배경은 '여기'이다. 뒤에 '내리다'를 통해 동적 단일 방향 접촉을 판단할 수 있다. 공간 위치를 표현하는 '여기'는 일상 생활에서 사용 빈도가 높다. 그리고 부사어는 핵심 성분 앞에 위치하고 어순이 정상적으로 나타날 때 식별도 우선 도상성에 따라 '에'가 비실현될 수 있다.

### (3) '도착하다'의 경우

우선 '도착하다' 앞에 '에'가 실현되는 경우이다.

예 ㄱ. **보림사에 도착해서** 우리는 잠시 휴식을 취했다.
ㄴ. 먼 골짜기에 있는 아이들은 오후 다섯 시라야 **집에 도착한다**.

(ㄱ)에서 전경은 '우리'이고 배경은 '보림사'이다. 뒤에 '도착하다'를 통해 동적 단일 방향 접촉을 판단할 수 있다. 수식 성분은 문장 앞에 위치하여 공간 위치를 부각시킨다. 그리고 부사어는 문장 앞에 나타날 때 어순의 조화를 위해 통사적인 표지를 통해 치밀한 문장 구성을 얻을 수 있다. 수식 성분과 수식을 받은 성분 간의 거리가 멀면 수식 성분에 표지가 붙이면 사람들의 순식간의 기억과 심리 조작에 대해 도움이 된다.

(ㄴ)에서 전경은 '아이들'이고 배경은 '집'이다. 뒤에 있는 '도착하다'를 통해 동적 단일 방향 접촉을 판단할 수 있다. 문장 앞에 공간 위치를 표현하는데 치밀한 문장을 구성하기 위해 '에'를 사용한다. 화자는 화용적으로 공간위치를 부각시키기 위해 '에'가 실현된다.

다음으로 '에'가 비실현되는 경우이다.

예 ㄱ. 남상훈이 **거기 도착했을** 때, 사고 현장은 마치 그를 기다리고라도 있었다는 듯 속수무책이었다.

ㄴ. 망명 북 외교관 부인 주초 **서울 도착할듯**.

(ㄱ)에서 전경은 '남상훈'이고 배경은 '거기'이다. 뒤에 있는 '도착하다'를 통해 동적 단일 방향 접촉을 판단할 수 있다. 배경인 '거기'는 사용 빈도가 높고 식별 가능 정도가 높아서 '에'가 비실현되어도 공간 위치 의미를 정확하게 전달할 수 있다. 식별도 우선 도상성과 부합한다.

(ㄴ)에서 전경은 '외교관 부인'이고 배경은 '서울'이다. 뒤에 있는 '도착하다'를 통해 동적 단일 방향 접촉을 판단할 수 있다. 격조사가 비실현되어서 문장 구조가 간단하다. 문장 의미를 정확하게 표현할 수 있는 경우에서 잉여적인 성분이 비실현될 수 있고 언어 가공 경제성과 부합한다. 다음으로 '서울'의 식별 가능 정도가 높고 사용 빈도가 높아서 공간 위치를 쉽게 파악할 수 있다.

### 3.2.2 시간 위치

시간 위치 중 '에' 실현 빈도 높고 비실현 빈도가 낮은 경우는 '순식간'의 경우이다.

#### (1) '순식간'의 경우

'순식간'의 경우에서 위격조사 '에'가 실현과 비실현 현상은 문장 외부 문장 성분의 실현, 비실현, 문장 외부 생략문의 실현을 포함한다.

우선 문장 외부 문장 성분 뒤에 '에'가 실현되는 경우이다.

예 ㄱ. 그 밑에서 나온 괴물들이 영희를 끌어올렸어, **순식간에**.
ㄴ. 그들은 영희를 태우고 **순식간에** 날아갔어.

(ㄱ)와 (ㄴ)에서 전경은 '괴물들이', '그들은'이다. 전경은 동작을 하는 시간 의미는 '순식간'으로 표현한다. 그리고 이 시간 위치는 2차원 시간 배경에서 차지하는 위치는 '에'로 표지한다.

'에'가 실현되는 특징은 다음과 같다. 첫 번째 형식적으로 보면 문어이고 한국어는 수식 성분이 왼쪽에 위치하기 때문에 통사적인 표지가 필요하다. 두 번째 음성으로 보면 '순식간'이 받침이 있는 단어이어서 '에'를 통해 음률 조화를 이루어진다. 세 번째 어순으로 보면 (ㄱ)에서 부사어는 문장말에 나타나고 정상적인 어순과 같지 않아서 '에'가 실현되어 어순 조화를 이루어진다. 네 번째 시간 위치를 부각시킨다.

다음으로 문장 외부 생략문에서 '에'가 실현되는 경우이다.

예 그것도 **순식간에**.

예문에서 생략문의 문장 성분이 일반적으로 완전하지 않다. '순식간'을 통해 시간을 표현할 때 '에'의 실현은 두 가지 특징이 있다. 하나는 문어체이어서 통사적인 표지가 필요하다. 다른 하나는 시간 위치를 부각시킨다. 이렇게 함으로써 화용적인 효과를 얻을 수 있다.

또는 문장 외부 문장 성분 뒤에 '에'가 비실현되는 경우이다.

예 저녁 6시경 권회장 등 집행부측이 폐업을 원칙적으로 찬성한다면서도 시기와 방법 등을 회장 등 집행부에 위임해 달라고 말하자 일부 회원들이 "지난 번 휴업 때도 똑같은 말을 했으나 사태가 불리해지자

**순식간** 문을 열자고 설득하는 등 일관성이 없었다"면서 반발.

위에 분석으로 통해 '순식간'의 식별 가능 정도가 높지 않아서 대부분 경우는 '에'가 실현되어야 한다. 예문에서 전경이 안 나타나고 '순식간'으로 '문을 열자고 설득하는 등'이 발생된 시간을 표현한다.

'에'가 비실현되는 원인은 몇 가지 있다. 첫 번째 문체로 보면 예문은 구어체이어서 '에'가 나타나면 잉여적인 성분이 될 수 있다. 두 번째 이 문장은 전체적인 사건을 강조하여 시간 위치를 부각시키지 않아서 언어 경제성과 부합한다.

#### 3.2.3 추상 관계 위치

추상 관계 위치 중 '에' 실현 빈도가 높고 비실현 빈도가 낮은 경우는 '관련되다'의 경우, '걸리다'의 경우, '어울리다'의 경우, '비례하다'의 경우, '취임하다'의 경우, '당선하다'의 경우, '잠기다'의 경우, '속하다'의 경우, '포함하다'의 경우 및 '비기다'의 경우가 있다.

##### 3.2.3.1 대상 의미 위치

**(1) '관련되다'의 경우**

우선 문장 외부 문장 성분 경우에서 '관련되다' 앞에 '에'가 실현되는 현상이다.

예 ㄱ. 벤야민이 말하는 P.끌레의 그림 [새로운 천사]가 마음에 들었던 것은 이런 **사정에 관련된다.**

ㄴ. 그것은 증언의 **방법에 관련된** 문제이다.

(ㄱ)와 (ㄴ)에서 대상 의미를 표현하는 성분은 문장 말과 문장 중에 있다. '에'가 실현되는 원인은 두 가지 있다. 우선 화자가 대상 의미 추상 관계 위치를 부각시키기 위해 '에'가 실현되어야 한다. 이렇게 함으로써 사람들의 주의를 환기할 수 있다. 다른 하나는 바로 위격조사 '에'가 비실현되면 문장의 의미를 이해하기 어렵다. 사람들은 더 많은 시간이 걸려 이해해야 해서 언어 사용 경제성과 부합하지 않는다.

다음으로 문장 외부 문장 성분 '관련되다' 앞에 '에'가 비실현되는 경우이다.

예 ㄱ. **관련된** 모든 의원들에 대하여 법 적용의 잣대가 달라져 형평을 잃게 되는 사태가 벌어져서는 안 된다.

ㄴ. Y2K문제는 **관련되지** 않는 분야가 거의 없지만 군사분야만큼 폭발적 위험성을 안고 있는 데는 없을 것이다.

(ㄱ)에서 '관련되다'가 나타나는 위치는 문장 앞에 있다. 문장 앞에 나타나는 것은 이미 대상 의미 위치를 강조해서 '에'가 비실현되어도 된다.

(ㄴ)에서 대상 의미를 표현하는 성분은 문장 중에 있다. '에'가 비실현되면 의미 전달에 대해 영향은 크지 않다. '에'가 비실현되는 원인은 두 가지 있다. 하나는 이 문장의 복잡성이 높지만 각 성분이 대응되는 표지가 있어서 대상 성분의 성질을 알아볼 수 있다. 다른 하나는 화자가 대상 의미 추상 관계 위치를 부각시키지 않는다. '관련되다'의 식별 가능 정도가 높아서 대상 성분은 쉽게 파악할 수 있다. '에'가 비실현될

수 있다.

### (2) '걸리다'의 경우

'걸리다'에서 '에'의 실현 여부 경우는 두 가지 있다. 문장 외부 문장 성분 뒤에 '에'의 실현과 비실현 현상이다.

우선 문장 외부 문장 성분 '걸리다' 앞에 '에'가 실현되는 경우이다.

예 ㄱ. 검정 페인트 글씨의 획들이 군데군데 벗겨진 양철 간판이 문틀 **위에 걸려** 있었다.

ㄴ. '아무래도 그 아저씨 말이 **맘에 걸려요.**'

(ㄱ)와 (ㄴ)에서 대상 의미를 표현하는 성분은 문장 중과 문장 말에 있다. '에'가 실현되는 원인은 세 가지 있다. 우선 화자가 대상 의미 추상 관계 위치를 부각시키기 위해 '에'가 실현되어야 한다. 다음으로 의미적으로 보면 위격조사 '에'가 비실현되면 의미를 이해하기가 어려워서 언어 사용 경제성과 부합하지 않는다. 마지막으로 문장에서 '걸리다' 앞에 나오는 단어가 받침이 있어서 다른 단어와 같이 음률 조화를 이루어질 수 있다.

다음으로 문장 외부 문장 성분 '걸리다' 앞에 '에'가 비실현되는 경우이다.

예 ㄱ. 알콜 중독된 어머니, 중풍 **걸린** 할머니, 암으로 돌아간 매제, 세상물정 모르는 남편 잃은 누이동생과 그의 어린 두 자식, 이럴 수가 이럴 수가!

ㄴ. '평생 병 **걸릴** 염려는 없겠읍니다그려.'

(ㄱ)와 (ㄴ)에서 대상을 표현하는 성분은 모두 문장 중에 위치한다. 여기에 구체적인 문장 의미를 생각해야 한다. 앞에 병을 표현하는 성분이면 뒤에 '걸리다'를 사용하는 경우는 자주 볼 수 있다. 그리고 병을 표현하는 명칭도 쉽게 알아볼 수 있다. 높은 식별 가능 정도를 갖추고 있는 성분은 식별되기 쉬워서 '에'가 비실현되면 의미 전달에 대해 큰 영향은 끼치지 않는다.

### 3.2.3.2 단위/표준 의미 위치

#### (1) '어울리다'의 경우

'어울리다'의 경우에서 '에'의 실현 여부 경우는 두 가지 있다. 문장 외부 문장 성분 앞에 '에'의 실현과 비실현 현상이다.

우선 문장 외부 문장 성분인 '어울리다' 앞에 '에'가 실현되는 경우이다.

예 ㄱ. 중년의 **나이에 어울리지** 않게 굉장히 민첩한 동작이었다.
ㄴ. 커다란 규모의 **건물에 어울리지** 않게 다 쓰러져가는 작은 간판만이 이곳이 호텔이란 것을 알려줍니다.

(ㄱ)와 (ㄴ)에서 '나이'와 '건물'은 뒤에 '어울리다'와 같이 단위/표준의 의미를 표현하고 뒤에 위격조사 '에'가 나타나고 단위/표준 의미 추상 관계 위치를 표현한다. 두 개 문장에서 위격조사 '에'의 실현은 추상 관계 위치를 부각시키고 화자의 심리 활동을 표현한다. 다음으로 한국어의 본질적인 특징과 관련 있다. 한국어에서 수식 성분은 모두 문장 왼

쪽에 있으며, 통사적인 표지가 많이 필요하다. 이렇게 함으로써 치밀한 문장 구조를 얻을 수 있고 의미도 뚜렷해져서 언어 가공 경제성과 부합한다.

다음으로 문장 외부 문장 성분인 '어울리다' 앞에 '에'가 비실현되는 경우이다.

예 ㄱ. 인종, 종교, 이념을 초월해 모두 한데 **어울려** 즐기고 선수들은 그동안 쌓은 기량을 다툴 것이다.

ㄴ. 물끼리 **어울려** 다정히 흐르다가 바위를 만나면 어깨를 비켜 바위 모양의 물길을 만들며 돌아서 흘러가지요.

(ㄱ)와 (ㄴ)에서 '한데', '물끼리', '어울리다' 같이 단위/표준 의미를 표현한다. 우선 '한데'의 식별 가능 정도가 높아서 '에'가 비실현되어 추상 관계 위치를 표현하는 것으로 파악할 수 있다. '물끼리'는 문장 앞에 나타나고 식별 가능 정도가 다른 위치보다 높아서 추상 관계 위치를 쉽게 알아볼 수 있다. 다음으로(ㄱ)와 (ㄴ)에서 문장 성분이 많고 복잡성이 높다. 그런데 다른 성분이 대응된 표지가 있어서 추상 관계 위치에 표지가 없어도 문장 의미 전달에 큰 영향이 없다. 언어 가공 경제성과 부합한다.

### (2) '비례하다'의 경우

우선 문장 외부 문장 성분 중 '비례하다' 앞에 '에'가 실현되는 경우이다.

예 ㄱ. 질투는 사랑**에 비례한다**.

ㄴ. 지나친 기대는 지나친 요구를 만들며, 지나친 요구는 **거기에 비례**

**하는** 지나친 실망을 만들며, 지나친 실망은 풀 수 없는 갈등을 만든다.

문장 외부 문장 성분의 식별 가능 정도가 문형보다 높지 않고 '에'가 실현되어 추상 관계 위치를 표지하는 경우이다.

(ㄱ)와 (ㄴ)에서 '사랑', '거기', '비례하다'는 같이 단위/표준 의미를 표현한다. '에'가 실현되는 원인은 다음과 같다. 우선 두 문장에서 '에'가 비실현되면 정확한 의미를 전달하기 어렵다. 다음으로 한국어에서 수식 성분은 문장 왼쪽에 위치하여 더 많은 통사적인 표지를 필요로 한다. 마지막으로 화자가 추상 의미 위치를 부각시키기 위해 '에'를 통해 표지하여 사람들의 주의를 환기할 수 있다.

다음으로 문장 외부 문장 성분 중 '비례하다' 앞 '에'가 비실현되는 경우이다.

예 ㄱ. 그러나 호르몬치가 계속 올라간다고 해서 성욕도 **비례해서** 한없이 증가하는 것 같지는 않다.

(ㄱ)에서 '성욕', '비례하다', '한없이'는 같이 단위/표준 의미를 표현한다. '에'가 비실현되는 원인은 내소외대 원칙과 관련 있다. 문장에서 복잡성 높은 것은 문장 외부에 위치하고 복잡성 낮은 것은 문장 내부에 위치한다. '비례하다' 앞에 성분의 복잡성이 낮고 이해하기가 쉽다.

#### 3.2.3.3 역할/자격 의미 위치

##### (1) '취임하다'의 경우

'취임하다' 앞에 '에'의 실현 여부 경우는 두 가지 있다. 문장 외부 문장 성분 앞에 '에'의 실현과 비실현 경우이다.

우선 문장 외부 문장 성분 '취임하다' 앞에 '에'가 실현되는 경우이다.

예 ㄱ. 목사는 이 **교회에 취임한** 이래로 거의 매주일마다 그 식탁에 초대되어서 산더스 씨의 음식을 초대하는 것이 통례가 되어 있었던 것이다.

ㄴ. 오히려 주민들은 김정일이 **국가주석에 취임하면** 보다 과감한 개혁 정책이 나와 생활형편이 나아질 것으로 기대하고 있다는 것이다.

(ㄱ)와 (ㄴ)에서 '이 교회', '국가주석', '취임하다'는 같이 자격 의미를 표현한다. 위격조사 '에'가 실현되는 원인은 다음과 같다. 우선 두 문장의 문장 성분이 많고 복잡성이 높다. '에'가 실현되면 더 정확하고 뚜렷한 의미를 얻을 수 있다. 그리고 문장 구성도 더 치밀하게 된다. 다음으로 '에'가 비실현되면 중의 현상이 나타날 것이다. 명사 뒤에 조사 '로'로 이해해도 된다. 마지막으로 긴 문장에서 '에'가 실현되면 화자가 이 성분으로 배경에서 차지하는 추상 의미 위치를 부각시키기 위한 것으로 볼 수 있다.

다음으로 문장 외부 문장 성분 '취임하다' 앞에 '에'가 비실현되는 경우이다.

예 ㄱ. 이 사장은 보스턴컨설팅 서울사무소 부사장과 두루넷 사장을 거처 지난 5월 옥션 사장으로 선임돼 지난 2일 **취임했다**.

ㄴ. 그는 88년 2월 25일 **취임하면서** '위대한 보통 사람의 시대'를 열겠다고 다짐했다.

(ㄱ)에서 '취임하다'가 문장 말에 있고 (ㄴ)에서 '취임하다'가 문장 중에 있다. 대응된 역할/자격 의미를 표현한 명사가 나타나지 않아서 위격조사 '에'도 비실현된다. '에'가 비실현되는 원인은 몇 가지 있다. 첫 번째 대응된 명사가 다른 성분에서 나타나고 다시 나타날 필요가 없어서 '에'도 비실현된다. 언어 가공 경제성과 부합한다. 두 번째 '취임하다'의 식별 가능 정도가 높아서 추상 의미 위치를 쉽게 파악할 수 있다. 식별도 우선 도상성과 부합한다.

### (2) '당선되다'의 경우

'당선되다' 앞에 '에'의 실현 여부 경우는 두 가지 있고 문장 외부 문장 성분 앞에 '에'의 실현과 비실현이다.

우선 문장 외부 문장 성분 '당선되다' 앞에 '에'가 실현되는 경우이다.

예 ㄱ. 페로가 **대통령에 당선될** 가망이 없었다는 것은 본인은 물론 그의 지지자들, 그리고 거의 모든 미국인들이 짐작했던 일이었다.

ㄴ. 이날 선거에서는 3명의 후보가 추천됐으며, 이교수가 과반수 이상을 득표해 **의장에 당선됐다**.

(ㄱ)와 (ㄴ)에서 '대통령', '의장', '당선되다'는 같이 자격 의미를 표현한다. 위격조사 '에'의 실현 원인은 다음과 같다. 하나는 의미를 통해 '에'가 실현되어 더 정확하고 뚜렷한 의미를 표현할 수 있다. 한국어의 본

질적인 특징에 따라 통사적인 표지가 필요하다. 다른 하나는 (ㄱ)에서 이 정보가 나타난 위치가 문장 앞에 있고 (ㄴ)에서는 문장 말에 있다. '에'가 실현되어 정보가 배경에서 차지하는 추상 관계 위치를 부각시켜서 사람들의 주의를 환기할 수 있다. 화자의 심리 활동을 볼 수 있다.

다음으로 문장 외부 문장 성분 '당선되다' 앞에 '에'가 비실현되는 경우이다.

예 ㄱ. 15대 국회의원선거 결과의 가장 대표적 특징은 여야를 막론하고 신인들이 **대거 당선된 것이다**.

ㄴ. 선생님은 일찍이 65년에 대구의 매일신문 신춘문예에 **시가 당선되고**, 그 후 {현대문학}지의 추천을 받은 이력을 가지고 있었다.

'당선되다'의 식별 가능 정도와 사용 빈도가 모두 높고 그래서 일상생활에서 '에' 가 비실현되는 경우도 있다. (ㄱ)에서 '당선되다'와 같이 역할/자격 의미를 표현하는 성분이 나타나지 않아서 '에'도 비실현된다. (ㄱ)에서 화자가 부각시키는 것은 선거의 결과이고 선거의 직위가 아니다. 그래서 직위 등 명사 뒤에 '에'가 비실현되는 것은 언어 가공 경제성과 부합한다.

(ㄴ)에서 '시가'와 '당선되다'는 역할/자격 의미를 표현한다. 앞에 '에'가 이미 실현되어 추상 관계 위치를 표현한다. 다시 추가하면 중복적이고 언어 가공 경제성과 부합하지 않는다. 그리고 '당선되다'의 식별 가능 정도가 높아서 '에'가 비실현되어도 역할/자격 의미 위치를 알아볼 수 있다.

#### 3.2.3.4 조건/환경/상태 의미 위치

##### (1) '잠기다'의 경우

'잠기다' 앞에 '에'의 실현 여부 경우는 두 가지 있다. 문장 외부 문장 성분 앞에 '에'의 실현과 비실현 경우이다.

우선 문장 외부 문장 성분 '잠기다' 앞에 '에'가 실현되는 경우이다.

> 예 ㄱ. 한편 식수로 이용하는 상수원의 **만입부에 잠긴** 물은 부영양화되기 쉽다.
>
> ㄴ. 수녀는 다시 **침묵에 잠겼다.**

(ㄱ)와 (ㄴ)에서 '만입부', '침묵', '잠기다'는 같이 조건/환경/상태 의미를 표현한다. '에'가 실현되는 원인은 세 가지 있다. 우선 두 문장의 문체가 문어라서 한국어의 본질적인 특징에 따라 통사적인 표지가 필요하다. 그리고 의미로 보면 '에'가 비실현되면 정확한 문장이 아니다. 마지막으로 화자가 추상 관계 위치를 부각시키기 위해 '에'를 사용한다. (ㄱ)에서 조건/환경/상태 의미를 표현하는 것은 문장 중에 있고 수식 성분으로 '에'가 비실현되면 사람들의 주의를 환기하지 못한다.

다음으로 문장 외부 문장 성분 앞에 '에'가 비실현되는 경우이다.

> 예 ㄱ. 물에 떠 있는 얼음에 견주어 볼 때에 물 위에 솟아 올라 있는 부분이 의식이라면 물 아래 **잠겨** 있는 더 큰 덩어리가 무의식이라고 했다.
>
> ㄴ. 물처럼 그녀는 나에게 와 닿았고 나는 거기 **잠겼을** 뿐이었다.

(ㄱ)와 (ㄴ)에서 '물 아래', '거기', '잠기다'는 같이 조건/환경/상태 의미를 표현한다. (ㄱ)에서 문장 성분의 복잡성이 높고 공간 위치 '물 위에', 시간 위치 '볼 때에', 상태 의미 추상 관계 위치 '물에 떠'가 이미 나타난다. 내소외대 원칙에 따라 상태 추상 의미 위치에 대해 표지가 이미 앞에 나타나서 알고 있는 정보로 쉽게 파악할 수 있다. 문장 중에 위치하고 '에'가 다시 실현되어 표지할 필요가 없다. (ㄴ)에서 상태 의미를 강조하는데 추상 관계 위치가 아니다. '에'가 실현되면 부각시키는 대상이 많아서 화자의 심리 활동과 부합하지 않는다.

#### 3.2.3.5 강조 의미 위치

##### (1) '피차'의 경우

'피차' 뒤에 '에'의 실현 여부 경우는 두 가지 있다. 문장 외부 문장 성분 뒤에 '에'의 실현과 비실현 경우이다.

우선 '피차' 뒤에 '에'가 실현되는 경우이다.

예 ㄱ. 분녀와의 사이에는 그가 그렇게 출세했을 후의 언약이 **피차에** 은연중에 맺어졌던 것이다.
ㄴ. **피차에** 그것이 편할지도 모른다.

(ㄱ)와 (ㄴ)에서 문장 성분은 '피차'와 같이 강조의 의미를 표현한다. '에'의 실현 원인은 몇 가지 있다. 우선 한국어 본질적인 성질에 따라 통사적인 표지가 필요하다. 문어체에서 표지가 있으면 더 뚜렷한 의미를 표현할 수 있다. 그리고 (ㄱ)와 (ㄴ)에서 화자가 '언약이 은연중에 맺어졌

던 것이다'와 '그것이 편할지도 모른다'는 배경에서 차지하는 위치를 부각시키기 위해 '에'로 표지한다.

다음으로 문장 외부 문장 성분 뒤에 '에'가 비실현되는 경우이다.

예 ㄱ. **피차** 더 이상 참을 수 없게끔 감정이 고조되면 그 다음 차례는 으레 예정된 방향으로 진행된다.

ㄴ. 다시 말씀드리면 **피차** 솔직하지 못했다는 거예요.

(ㄱ)와 (ㄴ)에서 '피차'와 뒤의 정보와 같이 강조의 의미를 표현한다. '에'가 비실현되는 원인은 다음과 같다. 우선 의미를 통해 보면 '피차'는 문장에서 나타날 때 이미 강조의 의미를 표현해서 '에'가 비실현되면 영향이 없다. 그리고 '피차'의 식별 가능 정도가 높아서 '에'가 비실현되어도 사람들은 추상 관계 위치를 파악할 수 있어서 식별도 우선 도상성과 부합한다. 마지막으로 언어 경제성과 관련 있다. '피차'는 문장에서 강조의 역할이 이미 존재하고 추상 관계 위치를 표현할 수 있어서 중복적으로 표현할 필요가 없다.

### 3.2.3.6 범위 의미 위치

#### (1) '속하다'의 경우

'속하다' 앞에 '에'의 실현 여부 경우는 두 가지 있다. 문장 외부 문장 성분의 실현과 비실현이다.

우선 문장 외부 문장 성분 '속하다' 앞에 '에'가 실현되는 경우이다.

예 ㄱ. 1 인당 국민 소득이 4,220 달러로 라틴 아메리카에서는 생활 수

준이 높은 **편에 속한다**.

ㄴ. 언제나 여자로부터 듣게 마련인 이 잔소리라는 것도 아마 그런 **종류에 속하는** 모양이었다.

(ㄱ)와 (ㄴ)에서 '높은 편', '그런 종류', '속하다'는 같이 범위 의미를 표현한다. '에'의 실현은 다음과 같은 원인으로 분석할 수 있다. 우선 한국어에서 수식 성분이 문장 왼쪽에 위치해서 더 많은 통사적인 표지가 필요하다. 다음으로 범위 의미를 표현하는 성분은 문장 말이나 문장 중에 위치하고 있는데 '에'의 실현을 통해 전경이 배경에서 차지하는 위치를 부각시킬 수 있다.

다음으로 문장 외부 문장 성분 뒤에 '에'가 비실현되는 경우이다.

예 ㄱ. 대표적으로 경제 협력이 **여기 속한다**.

ㄴ. 중고 교사를 맞바꾸기 일년 전에 교장은 임무를 마치고 **본디 속해** 있었던 종교단체로 돌아갔다.

(ㄱ)와 (ㄴ)에서 '여기', '본디', '속하다'는 같이 범위 의미를 표현한다. '에'가 비실현되는 원인은 다음과 같다. 우선 (ㄱ)와 (ㄴ)에서의 '여기'와 '본디'의 식별도 우선 도상성에 따르면 '에'가 비실현되어도 추상 관계 위치를 파악할 수 있다. 그리고 사람들은 이미 문장이 전달하는 의미나 추상 관계 위치 등 정보를 파악할 수 있을 때 다시 한번 표지하지 않는다. 간단한 형식으로 표현할 수 있을 때 복잡한 형식을 사용하지 않는다. 언어 가공 경제성과 부합한다.

### (2) '포함하다'의 경우

'포함되다' 앞에 '에'의 실현 여부 경우는 두 가지 있다. 문장 외부 문장 성분의 실현과 비실현이다.

우선 문장 외부 문장 성분 '포함되다' 앞에 '에'가 실현되는 경우이다.

예 ㄱ. **구속기간에 포함되지** 않는 시간은 분명 불법감금죄에 해당하는 범죄행위이다.

ㄴ. 따라서 영리를 추구하지 않지만 공익도 추구하지 않는, 즉 단체 구성원의 공동이익을 추구하는 단체도 **비영리단체에 포함된다**.

(ㄱ)와 (ㄴ)에서 '구속기간', '비영리단체', '포함되다'는 같이 범위 의미를 표현한다. 뒤에 있는 '에'가 배경에서 범위 의미를 표현하는 성분이 차지하는 추상 관계 위치를 표지한다. '에'가 실현되는 원인은 다음과 같다. 우선 한국어에서 수식 성분이 문장 왼쪽에 있으면 통사적인 표지가 필요하다. 그리고 의미로 보면 '에'가 비실현되면 '이/가'와 같은 조사로 이해할 수 있어서 중의 현상이 나타날 것이다. 마지막으로 화자가 범위를 표현하는 정보가 차지하는 위치를 부각시키기 위해 '에'가 실현되어 그런 효과를 얻는다.

다음으로 문장 외부 문장 성분 '포함되다' 앞에 '에'가 비실현되는 경우이다.

예 ㄱ. 거기 **포함될** 내용은 크게 나누어 두 가지이다

ㄴ. TK지역 '공신'중 민주계는 한 명도 없는 반면 PK공신 중에는 민정계가 상당수 **포함돼** 있는 것이 특색이라면 특색.

(ㄱ)와 (ㄴ)에서 '거기', '상당수', '포함되다'는 같이 범위 의미를 표현한다. '에'가 비실현된다. 우선(ㄱ)에서 '거기'의 식별 가능 정도가 높아서 '에'가 비실현되어도 추상 관계 위치를 파악할 수 있다. 즉, 간단한 형식을 통해 표현할 수 있으면 표지를 통해 표현할 필요가 없다. 언어 가공 경제성과 부합한다. (ㄴ)에서 앞에 있는 '공신 중에는'가 범위를 표현하는 성분이 차지하는 추상 관계 위치를 표현해서 중복적으로 표지하지 않는다.

### 3.2.3.7 비교/비유 의미 위치

#### (1) '비기다'의 경우

'비기다' 앞에 '에'의 실현 여부 경우는 두 가지 있다. 문장 외부 문장 성분의 실현과 비실현이다.

우선 문장 외부 문장 성분 '비기다' 앞에 '에'가 실현되는 경우이다.

예 ㄱ. 결코 **동물에 비기지는** 않았다.
ㄴ. 그리고 영웅적인 화랑을 찬양하는 데도 옛 시인은 그 모습을 해가 아니라 **달에 비겼다**.

(ㄱ)와 (ㄴ)에서 '동물', '달', '비기다'는 같이 비교/비유의 의미를 표현한다. '에'의 실현은 몇 가지 원인을 확인할 수 있다. 우선 문체에 영향을 미친다. (ㄱ)에서 문어체로 통사적인 표지가 필요하다. 한국어 본질적인 특징과 부합한다. 그리고 문장이 신정보를 표현할 때 일반적으로 표지된 가능성이 크다. (ㄱ)에서 화자가 '동물'이 차지하는 추상 관계 위치를

부각시키고 (ㄴ)에서 화자가 '달'이 차지하는 추상 관계 위치를 부각시킨다.

다음으로 문장 외부 문장 성분 '비기다' 앞에 '에'가 비실현되는 경우이다.

예 ㄱ. 연꽃에야 **어디 비길** 수도 없는 일이지만, 그와 비슷한 꽃이 이른 봄에 피는 목련이로구나!

ㄴ. 그러니까 구약은 **거기 비긴다면** 아직도 겉의 세계고, 이 신약에 들어오면 영 말이 도무지 다르잖아요.

(ㄱ)와 (ㄴ)에서 '어디', '거기', '비기다'는 같이 비교/비유 의미를 전달한다. '에'가 비실현된다. '어디', '거기'는 식별 가능 정도가 높아서 일상 생활에서 '에'가 비실현된다. 그리고 이미 판단할 수 있는 추상 관계 위치를 다시 표지로 표시하지 않는다. 언어 가공 경제성과 부합한다.

## 3.3 '에' 실현과 비실현 빈도가 비슷한 현상

### 3.3.1 공간 위치

#### 3.3.1.1 표면 접촉

**1. 수평적 접촉**

**(1) '앉다'의 경우**

우선 '앉다' 앞에 '에'가 실현되는 경우이다.

예 ㄱ. 뒷자리**에** 앉은 남자 두 사람이 내내 뱀 이야기를 하면서 오고 있었다.

ㄴ. 꼭 집어낼 수는 없어도 누구하곤가 비슷하다 싶은 젊은 얼굴이 한둘쯤 뒤쪽**에** 앉아 있는 것 같긴 했다.

(ㄱ)에서 전경 '남자'가 나타난 배경은 '뒷자리'이다. 배경은 문장 앞에 위치하고 '에'가 실현된다. 문장 앞에 '에'가 나타나고 공간 위치를 표지하는 것은 정상적인 어순이 변화될 때의 규칙과 부합한다. 부사어의 위치는 일반적으로 동사 앞에 문장 중에 나타난다. 그런데 어순이 변동되면 변동된 성분에 대해 표지해야 하고 앞과 뒤에 성분 간의 관계가 더 자유롭게 나타나게 된다. 아니면 앞에 구조가 간단하고 뒤에 구조가 복잡한 현상을 형성한다. 그래서 내소외대 원칙과 부합한다.

(ㄴ)에서 '젊은 얼굴이'가 전경이고 '뒤쪽'이 배경이 된다. 지금 문장의 어순은 정상적이고 '에'는 부사어 뒤에 붙이고 전경이 나타나는 공간 위치를 표지한다. 한국어는 서술어가 문장 끝에 나타나는 언어이고 문장 성분이 모두 왼쪽에 있어서 더 많은 통사적인 표지를 통해 문장 성분을 표지하고 구조적인 혼란을 피한다.

다음으로 '앉다' 앞에 '에'가 비실현되는 경우이다.

예 ㄱ. 이 비참한 사건은 함께 있어야 할 두 사람이 떨어져서 이브 홀로 선악과 나무 **아래 앉아** 있을 때부터 시작되었다.

ㄴ. 감영으로 올린 등장을 쓴 사람인 유필호는 방 **가운데 앉아** 복기에 열중하고 있었고 길소개가 최재걸을 상종하는 것이었다.

(ㄱ)에서 어순이 정상적이고 부사어의 위치도 정상적이다. 전경 '두 사

람이'는 '선악과 나무 아래'에 위치한다. '에'가 비실현되는 원인은 두 가지가 있다. 하나는 부사어가 일반적인 위치에 나타나서 독자가 쉽게 이해할 수 있다. 다른 하나는 '아래'의 사용 빈도가 높아서 식별 가능 정도가 높다. 그래서 독자가 여기에 위치를 표현하는 것을 파악할 수 있다. 다시 위격조사로 표지할 필요가 없어서 가공 경제성과 부합한다.

(ㄴ)에서 전경 '유필호'는 '방 가운데'에 위치한다. '앉다'로 보면 수평적 접촉이다. 뒤에 '복기에 열중하고'의 '에'가 대상 의미 위치를 표지한다. 공간 위치는 추상 관계 위치보다 식별 가능 정도가 높고 등급도 높다. 그래서 다시 한번 '에'를 사용할 필요가 없고 동일한 성분이 반복적으로 나타나지 않기 때문에 언어 사용의 효율이 향상될 수 있다.

### 3.3.2 추상 관계 위치

#### 3.3.2.1 나열 의미 위치

나열 의미를 표현할 때 대표적인 단어를 찾지 못한다. 그래서 문법책에서 나열 의미를 표현하는 예문을 통해 살펴 볼 것이다. 나열 의미를 표현할 때 대부분은 나타난 사물이 한번이나 한번 이상 나타나는 것이다. 그래서 '에'도 한번이나 한번 이상으로 실현된다.

수집한 자료에 따르면 나열 의미를 표현할 때 '에'의 실현 여부 경우는 두 가지 있다. 문장 성분 뒤에 있는 실현과 비실현 경우이다.

우선 문장 외부 문장 성분 뒤에 '에'가 실현되는 경우이다.

예 ㄱ. 노점상인데도 **사과에 배에 귤에** 없는 게 없이 다 있었다.

ㄴ. 잔칫집에서 **밥에 떡에 술에** 아주 잘 먹었다.

(ㄱ)와 (ㄴ)에서 '사과', '배', '귤', '밥', '떡', '술'을 통해 나열 의미를 표현하다. '에'가 실현되는 원인은 다음과 같다. 하나는 '에'가 비실현되면 쉼표가 없을 때 정확한 의미를 표현할 수 없다. 다른 하나는 화자가 나열 의미의 추상 관계 위치를 부각시키기 위해 '에'의 실현을 통해 실현된다. 여러 개 '에'가 동시에 실현되면 화용적으로 보면 강조의 효과가 있다.

다음으로 문장 외부 문장 성분 뒤에 '에'가 비실현되는 경우이다.

예 ㄱ. **과일, 음료수** 잔뜩 지고 갔다.

ㄴ. 며느리는 쟁반에다가 **약식, 식혜**, 나박김치까지를 몽땅 얹어 가지고 있다.

(ㄱ)와 (ㄴ)에서 동일한 성질을 표현한 단어가 두 개나 두 개 이상 나타나고 나열 의미를 표현한다. (ㄱ)에서 '과일, 음료수'는 배경에서 차지하고 있는 위치에 '에'로 표지하지 않는다. (ㄴ)도 비슷하다. '에'가 비실현되는 원인은 두 가지 있다. 하나는 문장 구성이 간단해서 더 많은 통사적인 표지가 필요하지 않기 때문이다. 그리고 문장 의미를 쉽게 파악할 수 있으면 통사적인 표지가 없어도 된다. 그렇지 않으면 잉여적인 성분이 된다. 다른 하나는 화자가 추상 관계 위치를 부각시킬 생각이 없을 때 언어 가공 경제성에 따라 '에'가 비실현된다.

## 3.4 '에' 실현 빈도 낮고 비실현 빈도 높은 현상

'에' 실현 빈도 낮고 비실현 빈도가 높은 현상은 공간 위치의 수평적 접촉, 동적 접촉, 시간 위치 그리고 추상 관계 위치의 강조 의미 위치, 비교/비유 의미 위치를 포함한다.

### 3.4.1 공간 위치

공간 위치 중 '에' 실현 빈도가 낮고 비실현 빈도가 높은 경우는 '모이다'의 경우, '가다'의 경우, '오다'의 경우, '다니다'의 경우가 있다.

#### 3.4.1.1 표면 접촉

**1. 수평적 접촉**

**(1) '모이다'의 경우**

우선 '모이다' 앞에 '에'가 나타나는 경우이다.

예 ㄱ. 잊지 않고 떡과 미역국을 끓이고 이웃과 친척이 **한자리에 모여** 이 날을 축하하였다.
ㄴ. **그곳에 모인** 사람들의 눈길이 일제히 사내를 쏘아보고 있었다.

(ㄱ)에서 전경 '이웃과 친척이'는 '한자리'에 차지하는 위치는 '에'로 표지한다. '모이다'를 통해 보면 수평적 접촉이다. 부사어는 수식 성분으로 문장의 복잡성이 높고 '에'를 통해 성분의 속성을 표지해야 한다. 한국어는 서술어 이외 다른 성분이 모두 왼쪽에 위치해서 먼저 부사어의

위치를 표지해야 의미가 뚜렷하게 표현될 수 있다.

(ㄴ)에서 전경 '사람들'은 배경 '그곳'에 차지하는 수평적 접촉은 '에'로 표지한다. '에'가 나타나는 원인은 두 가지 있다. 하나는 이 절의 부사어가 문장 앞에 위치해서 일반적인 경우가 아니기 때문에 '에'로 표지해야 한다. 다른 하나는 '그곳'의 뒤에 단음절 단어를 붙여야 음률의 조화를 이루어질 수 있다.

다음으로 '에'가 비실현되는 경우이다.

예 ㄱ. 32년을 자란 13미터 남짓한 오동나무가 베여 넘어질 때 **거기 모여 선** 사람들이 웃으면서 합창했다.
ㄴ. 아시아 감리교인 **한자리 모인다**.

(ㄱ)에서 전경 '사람들이'는 배경 '거기'에 위치한다. '에'가 나타나지 않는다. '모이다'를 통해 수평적 접촉을 파악할 수 있다. 한국어에서 '여기, 저기, 거기' 등은 사용 빈도가 아주 높은 단어이고 식별 가능 정도도 높다. 그래서 사람들이 위치 의미를 쉽게 파악할 수 있다. 가공 경제성에 의해 '에'가 비실현된다.

(ㄴ)에서 문장 전체의 구조가 간단하다. 전경 '아시아 감리교'는 배경 '한자리'에 차지하는 위치가 '모이다'를 통해 표현하고 수평적 접촉이라고 할 수 있다. 문장 구조가 간단해서 사람들이 공간 위치를 파악할 수 있다. 즉, 간단한 성분은 간단한 형식으로 표현하면 된다. 양적 도상성과 부합한다.

#### 3.4.1.2 동적 접촉

##### 1. 동적 단일 방향 접촉

##### (1) '가다'의 경우

우선 '가다' 앞에 '에'가 실현되는 경우이다.

예 ㄱ. 개구쟁이 동무들하고 **학교에 갔다가** 오는 길에 냇둑에서 뱀을 만났다.

ㄴ. 가뜩이나 내키지 않는 일이었는데 그런 일까지 겹쳐 피곤한 몸을 이끌고 가까스로 **그곳에 갔다**.

(ㄱ)의 전경은 '개구쟁이'이고 (ㄴ)의 전경은 안 나타난다. 배경은 '학교'와 '그곳'이다. 뒤에 '가다'를 통해 동적 단일 방향 접촉을 판단할 수 있다. (ㄱ)에서 위치를 표현하는 수식 성분이 몇 가지 있어서 '에'가 공간 위치를 표지하면 문장 의미가 뚜렷하게 표현될 수 있다. (ㄴ)는 공간 위치를 표현하는 수식 성분이 하나만 있다. '에'가 실현되면 공간 위치를 부각시킬 수 있다.

다음으로 '에'가 비실현되는 경우이다.

예 ㄱ. 우린 그때부터 수업 시간에 졸지 말기, 점심시간 저녁 시간마다 **도서관 가서** 공부하기 등 힘들지만 보람있는 생활을 했다.

ㄴ. "우리 **도시 가서** 살까?" "에이 마음에 없는 소리하지 마세요." 그날에 피로는 그날에 푼다.

'가다'는 일상 생활에서 사용 빈도가 아주 높아서 공간 위치를 표현하는 성분 뒤에 '에'가 비실현되는 빈도가 높다.

(ㄱ)에서 전경은 '우린'이고 배경은 '도서관'이다. 뒤에 '가다'를 통해 동적 단일 방향 접촉을 판단할 수 있다. 화자가 공간 위치를 부각시키지 않는다. 그리고 '가다'는 일상 생활에서 사용 빈도가 높아서 '가다' 앞에 있는 성분은 공간 위치를 표현하는 것으로 파악할 수 있다.

(ㄴ)는 문체가 구어체이다. 전경은 '우리'이고 배경은 '도시'이다. 뒤에 있는 '가다'를 통해 동적 단일 방향 접촉을 판단할 수 있다. 구어에서 격조사가 비실현되는 현상이 많다. 이렇게 하면 교류의 간단함과 높은 효율을 얻을 수 있다. 위격 조사 '에'가 비실현되어도 문장 의미에 영향이 없고 공간 위치는 높은 식별 가능 정도를 가지고 있어서 쉽게 파악할 수 있다. 식별도 우선 도상성과 언어 가공 경제성과 부합한다.

**(2) '오다'의 경우**

우선 '오다' 앞에 '에'가 실현되는 경우이다.

예 ㄱ. 그 모임은 사업이나 공무로 **한국에 와** 있는 프랑스 부인들 모임이었다.

ㄴ. 성진은 고등학교 삼학년 중퇴를 하고 **고향에 와서** 반거들충이 말을 들으며 살고 있었다.

(ㄱ)와 (ㄴ)의 전경은 '프랑스 부인들'과 '성진'이다. 배경은 '한국'과 '고향'이다. 뒤에 '오다'를 통해 동적 단일 방향 접촉을 판단할 수 있다. 문장 성분이 완전하다. 위격조사 '에'가 실현되는 원인은 두 가지 있다. 하나는 한국어에서 수식 성분이 왼쪽에 위치하여 혼란을 안 가지기 위해

통사적인 표지가 필요하다. 다른 하나는 화자가 공간 위치를 부각시키는 의도가 있다.

다음으로 '에'가 비실현되는 경우이다.

> 예 ㄱ. **시골 오니까** 혼자서 심심해 못 견디겠다.
>
> ㄴ. 나의 후반기 사춘기는 저 '해남 바닷가의 촌닭'이 **서울 와서** 유학하는 시절이었고, 이른바 문학소년기였다.

(ㄱ)에서 전경이 나타나지 않고 배경은 '시골'이다. 뒤에 있는 '오다'를 통해 동적 단일 방향 접촉을 판단할 수 있다. 공간 위치는 문장 앞에 위치하여 강조 효과를 얻는다. '오다'는 사용 빈도가 높아 식별 가능 정도도 높다. 문장 성분과 동사를 같이 보면 공간 위치 의미를 알아볼 수 있다. 그래서 식별도 우선 도상성과 부합한다.

(ㄴ)에서 전경은 '나'이고 배경은 '서울'이다. 뒤에 있는 '오다'를 통해 동적 단일 방향 접촉을 판단할 수 있다. 문장 복잡성이 높고 한국어 본질적인 특징에 따라 '에'가 실현되어야 한다. 하지만 '에'가 비실현된다. 원인은 다음과 같다. 하나는 배경을 표현하는 단어 '서울'과 '오다'의 사용 빈도가 높고 식별 가능 정도가 높다. 공간 위치를 알아볼 수 있다. 다른 하나는 수식 성분이 차지하는 위치가 변화되지 않아 어순이 정상적이다. 다시 '에'로 통해 표지할 필요가 없다. 언어 가공 경제성과 부합한다.

## 2. 동적 양방향 접촉

### (1) '다니다'의 경우

우선 '다니다' 앞에 '에'가 실현되는 경우이다.

예 ㄱ. 아이의 소원은 제 엄마가 **은행에 다니는** 것이었다.
ㄴ. 그 대학, 그 **학과에 다닌** 선배나 아는 사람의 이야기도 도움이 될 것이다.

(ㄱ)와 (ㄴ)에서 전경은 '엄마'와 '선배나 아는 사람'이다. 배경은 '은행'과 '대학, 학과'이다. 뒤에 있는 '다니다'를 통해 동적 양방향 접촉을 판단할 수 있다. 위격조사 '에'가 실현되는 원인은 공간 위치를 부각시키는 역할을 한다. 다음으로 한국어는 수식 성분이 모두 왼쪽에 있어서 통사적 표지를 필요로 한다. 문장 구성이 더 뚜렷하게 나타난다. 마지막으로 (ㄴ)에서 먼 거리는 통사적 표지를 사용하면 순간의 기억과 심리 조작에 도움이 된다.

다음으로 '에'가 비실현되는 경우이다.

예 ㄱ. 홀어머니가 벌어준 돈으로 **학교 다녀보려고** 고생 많이 한 사람인데, 좀 가엾게 생각하고 도와주고 그러셔요.
ㄴ. **직장 다니는** 사람보다, 장사하는 사람들이 더 힘들어요.

(ㄱ)에서 전경이 안 나타나고 배경은 '학교'이다. 뒤에 있는 '다니다'를 통해 동적 양방향 접촉을 판단할 수 있다. 문장에서 화자가 그 사람을 도와주고 싶은 것을 강조하고 있다. 부각시키는 것은 전체 사건이고 공

간 위치가 아니다. 그리고 학교는 사용 빈도가 아주 높은 장소라서 고정적인 구처럼 '에'가 비실현되어도 된다. 언어 가공 경제성과 부합한다.

(ㄴ)에서 전경은 '사람'이고 배경은 '직장'이다. 뒤에 있는 '다니다'를 통해 동적 양방향 접촉을 판단할 수 있다. 공간 위치를 문장 앞에 놓고 이 위치를 강조하는 역할이 이미 존재한다. 여기서 공간 위치를 부각시키는 것은 없고 '에'가 비실현되어도 된다. 그리고 배경인 '직장'은 사용 빈도도 높아 고정적인 구처럼 사용한다. 언어 경제성과 부합한다.

### 3.4.2 시간 위치

시간 위치 중 '에' 실현 빈도가 낮고 비실현 빈도가 높은 경우는 '지금'의 경우, '동안'의 경우 및 '아침'의 경우가 있다.

#### (1) '지금'의 경우

'지금'을 사용할 때 '에'의 실현 여부 경우는 복잡하다. 여섯 가지 경우를 포함한다. 문장 내부 구 중 '에'의 실현 경우가 세 가지 있다. 문장 외부 문장 성분의 실현과 비실현, 문장 외부 생략문의 비실현이다.

문장 내부 구에서 '에'의 실현은 세 가지 있다.

#### ① '지금에 오다'

예 ㄱ. **지금에 와서** 보면 너무도 당연한 말이지만, 그 무렵만 해도 역사학계의 연구작업 일반은 우익 독립운동의 사실 추적에만 한정되었다 해도 과언이 아니다.

ㄴ. 그런데 30대인 **지금에 와서는** 죽음이 아주 친숙하게 느껴져요.

(ㄱ)의 전경은 안 나타났다. (ㄴ)의 전경은 '30대인'이다. 전경은 '보면 너무도 당연한 말이다'와 '죽음이 아주 친숙하게 느껴져요'이다. 사건이 나타난 시간은 '지금에 오다'로 표현한다. '에'의 실현은 시간 위치를 표지한다.

'에'가 실현되는 특징은 몇 가지 있다. 첫 번째 형식적으로 보면 오랜 시간을 걸려 형성된 고정적인 구이며 사용 빈도가 높다. 두 번째 어순의 영향이다. (ㄱ)에서 시간을 표현하는 성분은 문장 앞에 위치하고 부사어는 일반적으로 동사 앞에 나타난다. 그래서 '에'의 실현으로 치밀한 문장 구성을 얻을 수 있다. 세 번째 시간 위치를 부각시킨다. (ㄱ)는 어순으로 보면 강조한 의미가 있는데 '에'의 실현을 통해 시간 위치를 더 부각시킨다. (ㄴ)는 어순이 정상적이다. 시간을 표현하는 성분은 문장 중에 위치한다. 내소외대 원칙에 따라 복잡성 낮은 성분은 문장 중에 있으면 사람들이 소홀히 할 수 있다. '에'의 실현은 그것을 피할 수 있다.

다음으로 '지금에 이르다'와 관한 경우이다.

예 ㄱ. 마이니치가 제호를 바꾼 것은 지난 43년 동경 일일과 오사카 마이니치가 합병, **지금에 이른** 후 48년만의 일이다.
ㄴ. 분위기를 바꿔 예일학원 서무과에서 일하다가 6년 전 은퇴해 **지금에 이르고** 있다.

(ㄱ)는 전체적인 사건을 표시하는 성분 '지금에 이르다'와 같이 사용하여 이 사건이 일정한 과정을 걸려 지금 이 시간에 이른 것을 표현한다. (ㄴ)에서 전체적인 사건을 표시하는 성분과 '지금에 이르다'와 같이 사용하여 이 사건이 최총에 도착한 시간을 표현한다.

'에'가 실현되는 특징이 몇 가지 있다. 첫 번째 문형의 사용 빈도가 높다. 문법화의 결과로 고정적인 형식을 가지고 있다. 두 번째 음성으로 보면 '지금'은 받침이 있어서 다른 단어와 같이 사용하여 음률의 조화를 이룬다. 세 번째 문체와 관련 있다. 정식적인 문체는 더 많은 통사적인 표지가 필요하다. 네 번째 시간 위치를 부각시킨다.

또는 '지금에 있다'와 관한 경우이다.

예 ㄱ. 군부통치가 막을 내리게 되고 이른 바 문민정부가 들어선 **지금에 있어서** 그녀의 80년대에 대한 집착은 비판의 대상이 되기도 한다.
ㄴ. **지금에 있어서도** 전쟁이 폭발되기만 기다리고 있는 자는 파시스트 강도 일본뿐일 것이다.

(ㄱ)와 (ㄴ)에서 나타난 사건은 '집착은 비판의 대상이 되다'와 '전쟁이 폭발 기다리고 있는 자는 일본이다'이다. 사건들이 발생된 시간은 '지금에 있다'로 표현된다. '에'가 사건이 발생된 시간적 배경에서 시간의 위치를 표지한다.

'에'가 실현되는 특징이 몇 가지 있다. 첫 번째는 문형은 고정적인 형식으로 일반적으로 변화되지 않는다. 두 번째는 문체로 보면 문어체라서 더 많은 통사적인 표지가 필요하다. 세 번째는 어순의 영향이다. (ㄴ)에서 시간을 표현하는 성분은 문장 앞에 위치하여 '에'가 실현되어 문장 구성이 더 안정적이다. 네 번째는 '에'의 실현을 통해 시간 위치를 부각시킨다.

그리고 문장 외부 문장 성분 뒤에 '에'가 실현되는 경우이다.

예 ㄱ. 신헌: 3백 년 간의 구호를 **지금에** 다시 돈독하게 함은 성사(盛事)이다.

ㄴ. **지금에** 생각하니 우습지만 당시에는 그 얼마나 기막힌 멘트냐 말이다.

(ㄱ)의 문체는 헌법을 기록하는 서류와 같다. 더 많은 통사적인 표지가 필요하다. 다음으로 시간 위치를 부각시킨다. 이렇게 하면 사람들의 주의를 환기할 수 있다.

(ㄴ)에서 시간을 표현하는 성분은 문장 앞에 위치하고 '에'가 실현되는 원인은 몇 가지 있다. 우선 '지금'은 받침이 있고 다른 단어와 같이 사용하여 음률의 조화를 이루어진다. 그리고 어순으로 보면 '에'가 실현되면 어순이 더 조화롭다. 치밀한 구성을 얻을 수 있고 의미도 뚜렷하다. 마지막으로 시간 위치를 부각시킨다. 강조한 성분이 더 두드러지게 된다.

문장 외부 문장 성분 뒤에 '에'가 비실현되는 경우이다.

예 ㄱ. 더구나 무역자유화와 자본자유화가 완결된 **지금** 정부에 의한 외환관리는 백해무익이다.

ㄴ. **지금** 우리의 현실은 달콤한 약속만 할 처지는 못된다.

(ㄱ)에서 전경은 '정부에 의한 외환관리'이다. '백해무익'을 하는 시간은 '지금'이다. (ㄴ)에서 전경이 하는 동작은 '현실은 달콤한 약속만 할 처지는 못된다'이고 시간 표현은 '지금'이다.

'에'가 비실현되는 원인은 몇 가지 있다. 첫 번째 의미적으로 보면 '지금'의 식별 가능 정도가 높고 '에'가 비실현되어도 의미의 전달에 대해 영향이 없다. 언어 경제성과 부합한다. 두 번째 위치의 등급성과 관련 있다. 공간 위치〉시간 위치〉추상 관계 위치로 보면 (ㄱ)에서 추상 관계 위치 뒤에 '에'가 실현되어 잉여적인 성분이 나타나지 않기 때문에 시간 위치 뒤에 '에'가 다시 실현되지 않는다. 세 번째 어순과 관련 있다. (ㄴ)에서 '지금'이 나타나는 위치가 문장 앞에 있고 시간 위치를 이미 부각시킨다.

마지막으로 문장 외부 생략문에서 '에'가 비실현되는 경우이다.

> 예 ㄱ. '**지금**?'
> ㄴ. '우리 어머니두 **지금**……'

우선 형식으로 보면 생략문의 구조가 간단하고 화자가 전달하는 뜻이 있으면 된다. 생략의 형식으로 표현하면 상상할 공간이 남는다. 그리고 생략문에서 성분이 적어서 '에'가 비실현되어도 시간 위치는 현저하다. 더 강조할 필요가 없다.

### (2) '동안'의 경우

'동안'을 사용하는 과정 중 '에'의 실현 여부 경우는 다섯 가지를 포함한다. 문장 내부 구 '그 동안에' 뒤에 '에'의 실현, 문장 외부 문장 성분 뒤에 '에'의 실현이다. 문장 내부 구 '그 동안' 뒤에 '에'의 비실현, 문장 외부 문장 성분 뒤에 '에'의 비실현, 문장 외부 생략문 중 '에'의 비실현이다.

우선 문장 내부 구에서 '에'가 실현되는 경우이다.

> 예 ㄱ. **그 동안에** 본 정신적 피해와 잃어 버린 명예는 어떻게 해야합니까.

ㄴ. "덩컨은 결혼도 하지 않고 애인을 갈아치우고, **그 동안에** 애는 둘 씩이나 낳았대."

(ㄱ)와 (ㄴ)에서 나타난 사건은 '정신적 피해와 잃어 버린 명예'와 '애는 둘씩이나 낳았대'이다. 나타난 시간은 '그 동안에'로 표현된다. '에'의 실현은 사건이 발생된 시간을 시간 배경에서 차지하는 시간 위치에 표현한 것이다.

'에'가 실현되는 원인은 몇 가지 있다. 첫 번째 문체와 관련 있다. 문어체에서 통사적인 표지가 더 많이 나타난다. 두 번째 음률과 관련 있다. 받침이 있는 단어 뒤에 '에'가 실현된 것은 음률 조화를 이루어질 수 있다. 세 번째 문형의 사용 빈도가 높아 형식이 변화되기가 쉽지 않다. 네 번째 시간 위치를 부각시킨다. (ㄱ)에서 시간을 표현하는 성분은 문장 앞에 위치하고 또한 강조 효과를 얻는다. (ㄴ)에서 시간을 표현하는 성분은 문장 중에 위치한다. 내소외대 원칙에 따라 시간 성분의 복잡성이 낮아 '에'의 실현을 통해 사람들의 주의를 환기한다.

다음으로 문장 외부 문장 성분 뒤에 '에'가 실현되는 경우이다.

예 ㄱ. 일반적으로 저용량으로 조절이 가능하며, 오랜 기간 **동안에** 안정적인 용량의 모르핀으로 유지가 가능하다.

ㄴ. '밥 한 그릇을 다 비우는 **동안에**.'

(ㄱ)와 (ㄴ)에서 나타난 사건은 '안정적인 용량의 모르핀으로 유지가 가능하다'와 '밥 한 그릇을 다 비우다'이다. 두 사건이 걸리는 시간은 '동안'으로 표현하고 2차원 시간 배경에서 차지하는 시간 위치는 '에'로 표

지된다.

'에'가 실현되는 특징이 몇 가지 있다. 첫 번째 문체로 보면 (ㄱ)는 설명문이고 문어체라서 '에'가 필요하다. 두 번째 어순으로 보면 (ㄴ)에서 시간 성분이 문장 말에 위치하고 많은 성분이 앞에 있기 때문이 문장 구성의 안정성을 위해 '에'가 실현된다. 세 번째 시간 위치를 부각시키고 화용적 효과를 얻을 수 있다.

그리고 문장 내부 구인 '그 동안' 뒤에 '에'가 비실현되는 경우이다.

예 ㄱ. 그러나 이제 **그 동안** 지나치게 한쪽으로 치우쳤던 시소가 서서히 반대편으로 기울기 시작했다.
ㄴ. **그 동안** 제가 너무 걱정을 끼쳐 드려 죄송할 뿐입니다.

(ㄱ)와 (ㄴ)에서 나타난 사건이 발생된 시간은 '그 동안'으로 표현되고 '에'가 비실현된다.

구 '그 동안'은 '그 동안에'와 다르다. '에'가 나타나지 않는 것은 '그 동안에'가 문법화의 과정을 겪고 있다는 것과 관련된다. 시간이 흐르면서 언어의 형식은 더 간단한 형식으로 변화했다. 여기서 문법화의 결과를 볼 수 있지만 아직 완전하게 변화되지 않는다.

'에'가 비실현되는 원인은 여러 가지 있다. 첫 번째 '그 동안'은 형식적으로 보면 사용 빈도가 높고 식별 가능 정도가 높아서 '에'가 비실현되어도 시간 위치를 쉽게 파악할 수 있다. 두 번째 언어 경제성과 부합한다. 간단한 형식으로 의미를 충분히 표현할 수 있다면 더 복잡한 형식은 잉여적이다. 세 번째 어순과 관련 있다. (ㄴ)에서 '그 동안'은 이미 문장 앞에 위치하여 강조하는 역할을 한다.

또는 문장 외부 문장 성분 뒤에 '에'가 비실현되는 경우이다.

예 ㄱ. 그로부터 세월이 1,20년 지나서 피에르 불레즈가 약 20년 **동안** 현대음악을 지배했어요.

ㄴ. 그래, 적어도 3 년 **동안**.

(ㄱ)의 전경은 '피에르 불레즈'이다. (ㄴ)의 전경은 나타나지 않는다. 사건이 발생된 시간은 '동안'으로 볼 수 있다.

'에'가 비실현되는 원인은 다음과 같다. 첫 번째 '동안'의 식별 가능 정도가 높아 '에'가 비실현되어도 시간 위치를 알아볼 수 있다. 식별도 우선 도상성과 부합한다. 두 번째 어순과 관련 있다. (ㄴ)에서 '동안'은 문장 말에 위치하여 다시 한번 강조할 필요가 없다. 세 번째 언어의 경제성과 관련 있다. (ㄱ)와 (ㄴ)에서 사건을 표현할 수 있는 성분이 간단하여 거리-표지 대응 원칙에 따라 가까운 거리라면 표지를 사용하지 않아도 된다.

마지막으로 문장 외부 생략문에서 '에'가 비실현되는 경우이다.

예 ㄱ. …귀머거리가 되어 36년, 장님이 되어 36년, 우리는 한많은 36년 **동안**…… 관섭은 엉덩이가 시린 것도 잊은 채 일어나고 싶지가 않다.

ㄴ. 당신이 집을 비운 **동안**……이라고 말을 꺼낸 다음 아내는 잠시 숨을 몰아쉬었다.

(ㄱ)에서 문장 앞 부분에서 반복적으로 시간을 표현하는 구체적인 숫자가 나타나는데 사건을 겪는 이러한 시간을 '동안'으로 표현된다. (ㄴ)에서 전경은 '당신'이고 사건은 '집을 비운다'이다.

'에'가 비실현되는 원인은 몇 가지 있다. 첫 번째 문체와 관련 있다. 생략문의 구조는 간결하다. '에'가 비실현되면 사람들의 주의를 환기할 수 있다. 두 번째 '동안'의 식별 가능 정도가 높아 시간 위치를 쉽게 파악할 수 있다. 식별도 우선 도상성과 부합한다. 세 번째 언어 가공 경제성과 관련 있다. (ㄱ)에서 시간이 반복적으로 나타나기 때문에 다시 '에'가 실현될 필요는 없다. 이미 시간 위치를 알아볼 수 있기 때문이다. (ㄴ)의 사건이 간단하여 시간을 표현하는 '동안'과 거리가 가깝다. 따라서 표지를 추가하고 사용하면 잉여적인 성분이 될 것이다.

### (3) '아침'의 경우

'아침' 뒤에 '에'의 실현 여부 경우는 두 가지 있다. 문장 외부 문장 성분 뒤에 '에'의 실현과 비실현이다.

우선 문장 외부 문장 성분 뒤에 '에'가 실현되는 경우이다.

예 ㄱ. 내가 **아침에** 집으로 오다가 경운기 타고 가는 아부지를 만났는데요, 목욕을 하고 오라 캤거든요.
ㄴ. **아침에** 나가면 점심때를 전후해서 들어오고, 낮에 나가면 땅거미가 기어내린 다음에야 들어왔다.

(ㄱ)의 전경은 '내가'이다. (ㄴ)의 전경은 나타나지 않는다. 전경이 하는 동작은 '집으로 오다…'와 '나가면 점심때를 전후해서 들어오다'이다. 사건이 나타난 시간은 '아침'으로 표현된다. '에'가 실현되는 경우는 사건 발생 시간이 2차원 시간 배경일 때 시간 위치에 표지한다.

'아침'의 식별 가능 정도가 높다. 하루에 아침, 오전, 오후, 밤을 표현하는 단어가 많지 않아 사용 빈도가 높다. 그래서 식별도 우선 도상성에 따라 '에'가 비실현되어도 시간 위치를 파악할 수 있다. 언어 사용의 경제성을 볼 수 있다. 만약에 여기서 '에'가 실현된다면 시간 위치를 부각시키는 것과 관계가 있다. 시간 위치를 파악해서 사람들의 주의를 환기할 수 있으면 화자의 심리 조작과 부합한다고 생각한다.

다음으로 문장 외부 문장 성분 뒤에 '에'가 비실현되는 경우이다.

예 ㄱ. 관례일이 되면 진설을 하며, **아침** 일찍 관복을 꺼내 준비한다.
ㄴ. **아침** 기도는커녕 얼굴 매만질 사이도 없이 서울행 차표 한 웅큼을 쥐고 대합실로 나갔다.

(ㄱ)와 (ㄴ)에서 전경이 나타나지 않는다. 사건은 '관복을 꺼내 준비한다'와 '대합실로 나갔다'이다. 시간은 '아침'으로 표현되어 '에'가 비실현된다.

앞에 내용을 보면 '아침' 뒤에 '에'가 비실현된 것은 일반적인 경우이다. 원인은 몇 가지 있다. 우선 '아침'의 식별 가능 정도가 높아 '에'가 비실현되어도 시간 위치를 파악할 수 있다. 식별도 우선 도상성과 부합한다. 또는 언어의 가공 경제성과 관련 있다. (ㄱ)에서 '아침'이 문장 중에 있고 뒤에 사건과 거리는 가까워서 표지를 사용할 필요가 없다. 마지막으로 어순과 관한다. (ㄴ)에서 '아침'이 문장 앞에 있고 이미 강조되어 다시 '에'로 부각시킬 필요가 없다.

### 3.4.3 추상 관계 위치

추상 관계 위치 중 '에' 실현 빈도 낮고 비실현 빈도가 높은 경우는

'반면'의 경우, '대신'의 경우 및 '비교하다'의 경우가 있다.

#### 3.4.3.1 강조 의미 위치

##### (1) '반면'의 경우

'반면' 뒤에 '에'의 실현 여부 경우는 두 가지 있다. 문장 외부 문장 성분 뒤에 '에'의 실현과 비실현 경우이다.

우선 문장 외부 문장 성분 '반면' 뒤에 '에'가 실현되는 경우이다.

예 ㄱ. **반면에** 주술기자는 천하고 굴욕적이며 힘든 것을 참아내어 이런 사물들이 갖고 있는 영감을 전염 받아 수태하고자 한 것이다.
ㄴ. 동구 국가들에서 각종 차별이 가장 심각하지 않은 **반면에** 성차별과 인종차별에서는 북미에서 높게 나타났다.

(ㄱ)와 (ㄴ)에서 '반면'은 강조의 의미를 표현한다. '에'의 실현은 강조를 표현하는 성분이 배경에서 차지하는 추상 관계 위치를 표지한 것이다. '에'가 실현되는 원인은 몇 가지 있다. 첫 번째 한국어에서 수식 성분이 모두 문장 왼쪽에 위치하여 더 많은 통사적인 표지가 필요하다. 이렇게 함으로써 더 뚜렷한 의미를 전달할 수 있고 치밀한 문장 구성을 얻게 된다. 두 번째 화자가 추상 관계 위치를 부각시키기 위해 '에'를 쓴다. (ㄴ)는 문장이 길고 성분이 복잡하다. '에'가 실현되면 추상 관계 위치를 쉽게 파악할 수 있다.

다음으로 문장 외부 문장 성분 뒤에 '에'가 비실현되는 경우이다.

예 ㄱ. **반면** 개인투자자들의 토지매입 심리가 다소 풀려 소폭의 가격상

승은 예상되고 있다.

ㄴ. 임신부에게 특정한 음식을 금지시키는 **반면**, 임신부 자신의 건강과 태아를 위하여 보신시키는 음식을 먹이기도 한다.

(ㄱ)에서 '반면'이 문장 앞에 나타난다. 문장 앞에 나타나면 그 정보가 차지하는 위치에 대해 이미 강조하기에 '에'를 통해 다시 부각시킬 필요가 없다. 언어 가공 경제성과 부합한다. (ㄴ)에서 강조된 부분은 '반면'의 뒷부분이고 '반면'이 강조의 의미를 가지고 있어서 '에'를 사용하지 않아도 된다. 그리고 '반면'의 식별도 우선 도상성에 따라 '에'가 비실현되어도 된다.

### (2) '대신'의 경우

'대신' 뒤에 '에'의 실현 여부 경우는 두 가지 있다. 문장 외부 문장 성분 뒤에 '에'의 실현과 비실현 경우이다.

우선 문장 외부 문장 성분 '대신' 뒤에 '에'가 실현되는 경우이다.

예 ㄱ. **대신에** '당의 국가'인 북한에서 주석직보다 많은 실권을 지닌 당 총비서직이 김정일에게 넘어갈 것이라는 주장이 나오고 있다.

ㄴ. 조선 시대에는 민주 정치 **대신에** 전제 정치를 했으며, 제도가 지방 분권 대신에 중앙 집권이었다.

(ㄱ)에서 '대신'이 문장 앞에 있다. '대신'은 뒤의 성분과 같이 강조 의미를 표현한다. '에'의 실현은 뒤의 성분이 배경에서 차지하는 위치를 표지한다. '에'의 실현 원인은 다음과 같다. 우선 문장의 문체는 문어이고 한국어의 본질적인 특징에 따라 통사적인 표지가 필요하다. 다음으로

는 화자가 강조 의미 위치를 부각시키기 위해 '에'를 사용한다. 이것은 화자의 심리와 부합한다.

(ㄴ)에서 '민주 정치', '전제 정치', '대신'은 같이 강조의 의미를 표현한다. 여기서 한국어의 본질적인 특징과 문어의 요구에 따라 '에'가 실현된다. 그리고 강조의미를 표현하는 성분이 문장 중에 위치하고 있어서 추상 관계 위치를 부각시키지 않으면 사람들의 주의를 환기할 수 없다.

다음으로 문장 외부 문장 성분 '대신' 뒤에 '에'가 비실현되는 경우이다.

예 ㄱ. 가수들이 내 **대신** 생각하고, 내가 하고 싶은 말도 언제나 나보다 먼저 하고 있었으니까.

ㄴ. **대신** 영훈이에게 숙제를 하나 내겠습니다.

(ㄱ)에서는 '내', '가수들이', '대신'은 같이 강조의 의미를 표현한다. (ㄴ)에서는 문장 전체를 강조하는 의미를 표현한다. '에'가 비실현되는 원인은 의미를 통해 보면 이해할 수 있다. '대신'의 식별 가능 정도가 높아 표지가 없어도 의미를 알아볼 수 있기 때문이다. 그리고 의미로 보면 '대신'은 강조의 의미를 가지고 있어서 '에'가 비실현되어도 의미 전달에 큰 영향을 주지 않는다. 언어 가공 경제성에 따라 나타날 필요가 없다.

### 3.4.3.2 비교/비유 의미 위치

#### (1) '비교하다'의 경우

'비교하다' 앞에 '에'의 실현 여부 경우는 두 가지 있다. 문장 내부 문형에서 '에'의 비실현이고 문장 외부 문장 성분 뒤에 '에'의 실현이다.

우선 문장 내부 문형 '와/과 비교하다' 앞에 '에'가 비실현되는 경우이다.

예 ㄱ. 친정 어머니께선 내가 새벽밥 하는 걸 보시고 수험생 때와 꼭 같다고 말씀하셨지만 어찌 수험생 때**와 비교하랴**.

ㄴ. 그래서 '건강'**과 비교해** 노화의 개념을 설명하는 방법을 찾게 된다.

(ㄱ)와 (ㄴ)에서 '수험생 때', '건강', '와/과 비교하다'는 같이 비교/비유의 의미를 표현한다. 문형은 오랜 시간을 걸려 형성된 형식이다. 사용 빈도가 높아서 쉽게 파악할 수 있다. 그래서 '와/과 비교하다' 앞에 '에'가 비실현되는 것은 식별도 우선 도상성과 언어 가공 경제성과 부합하기 때문이다.

다음으로 문장 외부 문장 성분 '비교하다' 앞에 '에'가 실현되는 경우이다.

예 ㄱ. 낭만주의자들은 인간을 **식물에 비교하기를** 즐겼다.

ㄴ. 여기서 다르다는 것은 '정상적인' **남성에 비교하여** 여성은 뭔가 비정상적이라는 뜻이다.

(ㄱ)와 (ㄴ)에서 '식물', "정상적인' 남성', '비교하다'는 같이 비교의 의미를 표현한다. '에'의 실현은 비교 의미를 표현하는 정보가 문장의 배경에서 차지하는 추상 관계 위치를 표지한다. 우선 '에'의 실현은 한국어의 본질적인 특징과 부합한다. 수식 성분이 문장 왼쪽에 위치하고 있어서 더 많은 통사적인 표지가 필요하다. 그리고 '에'의 실현은 비교 의미를 표현하는 성분인 신정보로 사람들의 주의를 환기시킨다. 그래서 화자가 '에'를 통해 추상 관계 위치를 부각시킨다.

## 3.5 '에' 비실현 필수 현상

'에'가 반드시 비실현되는 현상은 시간 위치, 추상 관계 위치를 포함한다.

### 3.5.1 시간 위치

시간 위치 중 '에'가 반드시 비실현되는 경우는 '언제'의 경우를 포함한다.

**(1) '언제'의 경우**

'언제' 뒤에 '에'의 실현 여부 경우는 하나만 있다. '언제'가 대명사일 때 생략문에서 '에'의 비실현 경우이다.

'언제'는 대명사로 나타나면 '에'가 비실현된다.

우선 문장 외부 생략문에서 '에'가 비실현되는 경우이다.

예 ㄱ. '다음에, 언제?'

ㄴ. '언제…… 어디서…… 그런 일이 있었답니까?'

(ㄱ)에서 발생한 사건이 나타나지 않는다. (ㄴ)에서 발생한 사건은 '그런 일이'이다. 사건이 발생된 시간은 '언제'로 표시한다. '에'가 비실현된다.

'에'가 비실현되는 원인은 몇 가지 있다. 첫 번째 나타난 문장 형식은 생략문이다. 생략문의 문장 성분은 일반적으로 간결하고 상상할 수 있는 공간을 남는다. 두 번째 '언제'의 식별 가능 정도가 높다. 문장 성분을 보면 시간 위치를 파악할 수 있어서 '에'가 비실현되어도 된다. 식별도 우선 도상성과 부합한다. 세 번째 생략문의 구조가 간단하다. 문장 성분 간의 거리가 가까워서 표지를 할 필요가 없다. 언어 가공 경제성과 부합한다.

### 3.5.2 추상 관계 위치

추상 관계 위치 중 '에'가 꼭 비실현된 경우는 '관련되다'의 경우와 '비례하다'의 경우가 있다.

#### 3.5.2.1 대상 의미 위치

**(1) '관련되다'의 경우**

문장 내부 문형에서 '에'가 반드시 비실현되는 현상이 있다.

수집한 자료에 따르면 '관련되다'의 식별 가능 정도가 높아 '에'가 비실현되어도 문장이 성립된다.

우선 문장 내부 문형 '와/과 관련되다' 앞에 '에'가 비실현되는 경우이다.

예 ㄱ. 그것은 인류가 시작되면서 가족생활을 영위했고 또한 그와 동시에 어떤 형태로든 **혼인과 관련된** 의례를 지녀 왔기 때문이다.

ㄴ. 학교 분위기는 좋은 점도 많았지만 너무나 많은 부분이 **진학과 관련되어** 학생들을 조이고 있었던 건 사실이었다.

(ㄱ)와 (ㄴ)을 보면 비슷하다. 우선 두 문장의 구조가 복잡하다. 한국어의 본질적인 특징은 수식 성분이 문장 왼쪽에 위치하여 많은 통사

적 표지를 필요로 한다. 두 문장에서 대상을 표현하는 성분 외에 다른 성분에 대응되는 격표지가 있어서 대상을 표현하는 성분의 성질을 쉽게 파악할 수 있다. '에'가 비실현되는 것은 언어 경제성과 부합한다. 다음으로 문형이 고정적인 언어 형식이어서 일반적으로 변화하지 않는다. 그래서 '에'가 비실현되는 것은 문장 의미를 전달하는 것에 큰 영향이 없다.

#### 3.5.2.2 단위/표준 의미 위치

##### (1) '비례하다'의 경우

문장 내부 문형 중 '에'가 반드시 비실현되는 경우이다.

우선 문장 내부 문형 '와/과 비례하다' 앞에 '에'가 비실현되는 경우이다.

예 ㄱ. 대자연 그것은 사실의 중심이 아니지만 무대의 규모나 양식은 극의 내용 **그것과 비례하는** 것이요, 거기 부합하도록 되는 것이다.

ㄴ. 피로 회복은 수면 **정도와 비례한다**.

문장 내부 문형은 오랜 시간을 걸려 형성된 고정적인 형식이다. 사용 빈도가 높고 식별 가능 정도도 높다. 문법화를 통해 형식이 간단하게 되었다. 표현된 개념이 간단하여 형식도 간단하게 된다. 이는 양적 도상성과 부합한다.

(ㄱ)와 (ㄴ)에서 '그것', '수면 정도', '비례하다'는 같이 사용하여 단위/표준 의미를 표현한다. '에'가 비실현되는 원인은 대부분은 식별도 우선 도상성과 관련 있다. 문형은 높은 식별 가능 정도를 가지고 있기 때문

에 '에'가 비실현되어도 추상 의미 위치를 쉽게 이해할 수 있어서 다시 실현될 필요가 없다.

## 3.6 소결

본 장은 제2장의 내용을 기초로 삼아 공간 위치, 시간 위치, 추상 관계 위치에서 한국어 위격조사 '에'의 실현 여부 현상을 알어보았다. 그리고 대표적인 예문을 선택하여 분석하였다.

공간 위치에서는 '에'의 실현과 비실현의 비중이 비슷하다. 시간 위치에서 '에'의 비실현 비중이 더 높다. 추상 관계 위치에서는 '에'의 실현 비중이 더 높다. 전체적으로 보면 '에'의 비실현 비중이 더 높다.

원래 공간 위치에서 '에'의 비실현 비중이 제일 높다고 생각하는데 자료에 따르면 시간 위치에서 더 높다. 추상 관계 위치의 현상은 의미 확대의 방향과 부합한다. 세 위치에서 '에'의 실현 여부 현상은 비대칭적으로 나타난 것이다. 즉, 시간 위치〉공간 위치〉추상 관계 위치 이런 순서대로 표현된다.

공간 위치, 시간 위치 및 추상 관계 위치에서 '에'가 실현되는 원인은 다음과 같다.

(1)음률의 조화이다. 비활동체가 받침이 있을 때 다른 단어와 같이 음률의 조화를 이뤄야 한다.

(2)문법화의 결과이다. 구와 문형은 모두 언어의 문법화를 통해 상대적으로 고정된 언어형식 때문에 '에'가 이미 실현되어 쉽게 변하지 않는

다.

⑶문장 구조의 영향이다. 한국어는 원래 수식 성분이 모두 왼쪽에 위치한다. 표지가 없으면 문장 성분 간의 관계를 잘 구별하지 못한다. 그래서 문장 구조의 순서가 비정상적으로 되면 의미 갈등을 피하기 위해 '에'가 실현된다.

⑷의미의 영향이다. 문장은 화자의 뜻을 전달하는 도구인데 '에'가 비실현되면 화자의 뜻을 잘 전달하지 못하고 중의 현상이 나타나면 '에'가 실현되어야 한다.

⑸언어 환경과 인간의 해석 능력의 영향이다. '에'는 비활동체가 전경이 될 때 그 배경에서 차지하는 위치가 있다. '에'를 실현해야 차지하는 위치를 부각시킬 수 있고 사람들에게 깊은 인상을 남길 수 있다.

⑹언어 경제성과 관련 있다. 인지 경제성으로 보면 '에'의 실현이 분지 방향 조화 원칙과 부합한다. '에'가 비실현되면 전체적으로 문장의 의미를 이해하지 못하게 된다. 가공 경제성으로 보면 거리-표지 대응 원칙이 있으며, 문장 내부 성분은 간단하고 외부 성분이 복잡하다. 문장 외부 성분에 '에'가 붙으면 심리적 부담을 감소시킬 수 있다. 긴 문장 구조를 통해 전달한 정보가 모두 파악되는 것은 쉽지 않다. 그리고 내부 성분이 간단해서 주의를 환기시키려면 '에'가 실현돼야 한다.

공간 위치, 시간 위치 및 추상 관계 위치에서 '에'가 비실현되는 원인은 다음과 같다.

⑴단어의 식별 가능 정도와 관련 있다. 식별 가능 정도가 높은 단어는 식별되기 쉽다. 즉, 비활동체의 위치를 파악하기가 쉽다.

⑵문법화의 고정적인 표현 양상과 관련 있다. 문법화를 겪는 구와 문형은 일반적으로 더 짧은 형식이라서 간결하다. 표현하기도 편리하다.

⑶경제성과 관련 있다. 인지경제성으로 물진기용 원칙에 따라 인간의 개념에서 다시 부각시킬 필요가 없는 것, 문장에 이미 존재하는 정보, 문장 구조가 간단해서 이해하기 쉬운 것, 식별 가능 정도가 높은 것 등 위치 '에'가 실현될 필요가 없다.

⑷언어 등급의 영향이다. 공간〉시간〉추상의 등급에 따라 같은 문장에서 세 가지 위치가 모두 나타난다면 공간 위치나 시간 위치는 추상 관계 위치보다 '에'가 일반적으로 실현되지 않는다.

위에 있는 데이터를 보면 위격조사 '에'가 세 가지 위치에서 실현과 비실현의 비중이 다르다. 비대칭적인 현상으로 볼 수 있다. 그래서 '에'는 비활동체의 위치를 부각시키는 위격조사이다.

# 4

# 결론

# 제4부 결론

## 4.1 주요 관점

본고는 문법책이나 사전에 나오는 '에'의 의미를 정리하였다. 임지룡(1997:240-242)에 따르면 다의어의 의미 확장의 전형적인 경로는 공간-시간-추상이라고 한다. 본고는 14가지 의미를 다시 공간, 시간, 추상으로 분류하였다. 그 가운데 원형 범주는 장소를 표현하는 것으로 밝혔다. 이기동(1981)의 관점에 따르면 '에'의 본질적인 의미는 하나밖에 없다. '에'는 비활동체가 문장이 제공하는 배경에서 차지하는 위치를 표지한다.

다른 위치는 의미 확대의 경로에 따라 원형 위치와 주변 위치가 있다고 한다. 선행 연구에 따라 공간 위치를 표면 접촉, 포함 접촉, 인접 접촉, 동적 접촉으로 나눴다. 시간 위치는 '에'가 반드시 실현된 현상, '에'의 실현과 비실현 공존 현상, '에'가 반드시 비실현된 현상으로 나눴다.

추상 관계 위치는 직접 앞에 나오는 추상 의미에 따라 추상 관계 위치로 나눴다.

한국어 위격조사 '에'의 실현 여부 현상에 대해 다시 세분화하였다. 표현 양상으로 보면 실현과 비실현 빈도가 비슷함, 실현 빈도 높고 비실현 빈도 낮음, 실현 빈도 낮고 비실현 빈도 높음, 반드시 실현, 반드시 비실현으로 나눴다. 표현 유형으로 보면 단어 내부(문법 형태, 합성어), 문장 내부 (문형, 구), 문장 외부(문장성분, 생략문)로 나눴다.

위치로 보면 세 가지 위치에서 '에'의 실현과 비실현 위치가 일반적으로는 문장 중 위치가 많다는 것이다.

실현과 비실현의 표현 현상을 보면 공간 위치과 추상 관계 위치는 모두 실현 빈도가 높고 비실현 빈도는 낮음과 같은 현상이 많다. 시간 위치는 실현 빈도가 낮고 비실현 빈도는 높음 현상이 많다.

표현 유형으로 보면 시간 위치에서 '에'의 실현과 비실현의 표현 유형은 더 다양하다. 수집한 자료에 따르면 시간 위치〉공간 위치〉추상 관계 위치 등급으로 나타나고 비대칭적인 현상으로 표현된다.

수집한 자료에 따르면 식해 방식의 인지 부각성, 경제성과 도상성 이론을 통해 위격조사 '에'의 실현과 비실현 현상을 분석하였다. '에'의 실현과 비실현 현상이 나타나는 원인은 아래와 같다. 우선 '에'가 실현되는 원인은 여섯 가지 있다.

⑴음률의 조화이다.

⑵문법화의 결과이다.

⑶문장 구조의 영향이다.

(4)의미의 영향이다.

(5)언어 환경과 인간의 해석 능력의 영향이다.

(6)언어 경제성과 관련 있다.

'에'가 비실현되는 원인은 네 가지 있다.

(1)단어의 식별 가능 정도와 관련 있다.

(2)문법화를 통해 현성된 고정적인 표현 양상과 관련 있다.

(3)경제성과 관련 있다.

(4)언어 등급의 영향이다. 공간〉시간〉추상의 등급이다.

'에'는 위치를 부각시키는 위격조사이고 문장에서 실현과 비실현 현상이 비대칭적으로 나타난다. 한 마디로 한국어 '에'는 비활동체 위치를 부각시키고 위치를 표지하는 위격조사이다.

## 4.2 남는 문제

본고는 인지언어학의 해석 방식인 인지 부각성 이론을 통해 한국어 위격조사 '에'의 본질적인 의미를 분석하였다. 말뭉치를 통해 '에'의 실현과 비실현 예문을 정리하여 인지 부각성 이론, 도상성 및 경제성 이론을 통해 분석하였다. 향후 더 깊이 연구되어야 할 문제가 있는데 아래와 같다.

첫 번째 데이터를 수집하는 과정 중 선택할 수 있는 단어의 수가 많지 않다. '에'의 실현과 비실현 현상을 전부 포함하지 못한 한계성과 주관성이 있다.

두 번째 본고는 '에'의 실현과 비실현 현상을 해석할 때 대부분 실현과 비실현 현상의 표현 유형은 문장 외부 문장 성분으로 나타나았다. 그것에 대해 합리적인 해석을 하지 못하였다.

세 번째 시간 위치>공간 위치>추상 관계 위치 관계를 충분히 설명하지 못하였다. 또한 위격조사 '에'의 실현과 비실현 현상을 분석할 때 모든 요소를 포함할 수 있는 원인을 아직 찾지 못하였다.

이상의 문제에 대해 앞으로 계속 연구하고자 한다.

# 참고 문헌


1. 강기진. 국어 조사 '에'의 의미 기능[J]. 國語國文學 論文集(13). 1986.
2. 고석주. 한국어 조사의 연구: '-가'와 '-를' 을 중심으로[D]. 연세대학교. 2001.
3. 고석주. 조사 '에'의 의미 재고[J]. 국어학(61). 2011.
4. 고인영. 조사 '에'와 '로'의 의미 기능 연구[D]. 전남대하교. 2011.
5. 고영근 · 구본관. 우리말문법론[M]. 서울: 집문당. 2018.
6. 국립국어연구원. 표준국어대사전[M]. 두산동아. 1999.
7. 김민수 등. 국어대사전(금성판) [M]. 금성 출판사. 1993.
8. 김민국. 한국어 주어의 격표지 연구[D]. 연세대학교. 2016.
9. 김은주. 한국어 부사격 조사 '에', '에서', '로'의 교육 방안[D]. 동덕여자대학교. 2010.
10. 김홍규. 고려대 한국어대사전[M]. 고려대학교 민족문화연구원. 2009.
11. 김충실. 조선어 격조사 생략과 생명도[J]. 중국조선어문. 2016.
12. 목정수. 한국어 격조사와 특수조사의 지위와 그 의미[J]. 1998.
13. 목정수. 한국어 문법론[M]. 도서출판 월인. 2003.
14. 목정수. 한국어, 문법 그리고 사유[M]. 태학사. 2009.
15. 맹경흠. 조사 '에'의 다의성에 대한 인지의미론적 접근[J]. 중국조선어문. 2014.
16. 맹경흠. 현대 한국어 조사 '에'의 인지의미론[J]. 한국학연구(41). 2016.
17. 민현식. 현대 국어의 격에 대한 연구: 무표격 정립을 위하여[J]. 국어연구

(49). 1982.

18. 박성배,김영택. 한국어 부사격 조사의 의미격 경정[A]. 한국정보과학회 학술발표논문집 25(1B) [C]. 1998.

19. 백하파. 한국어 구어의 동사구문의 실현에 대한 연구[D]. 2015.

20. 서정수. 국어 문법[M]. 한양대학교 출판부. 1996.

21. 석격 · 성윤숙. 한국어 부사격 조사와 중국어 개사 대조 연구[J]. 중국인문과학(42). 2009.

22. 안병희. 부정격(Casus Indefinitus)의 정립을 위하여[J]. 동아문화(6). 1966.

23. 양소월. 한국어 격조사의 의미기능에 대한 연구–'이', '를', '에', '에게', '로', '에서'를 중심으로–[D]. 상하이외국어대학교. 2019.

24. 엄정호. 격의 개념과 한국어의 조사[J]. 國語學(62). 2011.

25. 유혜원. 부사격조사 '에' 비실현에 대한 연구–서술어 논항에 나타나는 현사을 중심으로–[J]. 한국어학(66). 2015.

26. 응웬 티 응옥. 한국어 부사격 조사 '–에', '에서'와 베트남어 개사 대조 연구[D]. 신라대학교. 2019.

27. 이금희. 조사'에'와 '으로'의 유의성에 대하여[J]. 국어학64. 2012.

28. 이기동. 조사 에와 에서의 기본 의미[J]. 한글(173,174). 1981.

29. 이남순. '에'와 '로'의 統辭와意味[J]. 언어(8). 1983.

30. 이남순. 樣式의 '에'와 素材의 '에서' [J]. 冠嶽語文硏究(8). 1983.

31. 이남순. 國語의 不定格과 格表示[J]. 弘大論義(19) 第19輯. 1987.

32. 이남순. '에', '에서'와 '–어 있(다)', '–고 있(다)' [J]. 국어학(16). 1987.

33. 이남순. 통합범주 처속격(處屬格) 설정 문제–심젼과 함께[J]. 잔단학보(80). 1995.

34. 이남순. 格標識의 非實現과 省略[J]. 국어학(31). 1998.

35. 이숙. 대화체 문장에 나타나는 조사 생략의 분포적 특징[J]. 인문과학(43). 2009.

36. 이은교. 현대국어 보조사 '를'에 대한 연구[D]. 한국외국어대학교. 2008.

37. 이지수. 부사격 조사 '에'와 '로'에 대한 연구[D]. 서울대학교. 2007.
38. 이희자 · 이종희. 사전식 텍스트분석적 국어 조사의 연구[M]. 한국문화사. 1998.
39. 이호승. 격표지 없는 명사구의 격 문제에 대하여[J]. 어문학(93). 2006.
40. 이희승. 국어대사전[M]. 민가서림. 2018.
41. 이익섭 · 채완. 국어 문법론 강의[M]. 학연사. 1999.
42. 임지룡. 인지의미론[M]. 탑출판사. 1997.
43. 임홍빈 · 이익섭. 국어 문법론[M]. 서울:학연사. 1983.
44. 임홍빈. 한국어 무조사 명사구의 통사와 의미[J]. 국어학제(49). 2007.
45. 장화. 한국어 격조사에 대응하는 중국어 격 실현 대비 연구[D]. 충남대학교. 2013.
46. 조명곤. 한국어 부가격 조사와 중국어 개사의 대조연구 -'에'와 '에서'를 중심으로-[J]. 언어학 연구(40). 2016.
47 조재형. '-에'形副詞格助詞의 通時的研究[D]. 中央大學校. 2009.
48. 조재형,유해준. '-에'와 敘述語의 關係 考察[J]. 어문론집(64). 2015.
49. 조재형. 後期中世國語時期의 副詞格助詞'에'와 敘述語의 關係考察[J]. 인문과학연구(49). 2016.
50. 주시경. 국어문법[M]. 박문서관. 1910.
51. 진기호. 국어 부사겨 조사의 한정 기능 연구[J]. 한국외국어대학교. 1999.
52. 최성호. '논항'의 부재와 생략[A]. 한국언어학회 학술대회지[C]. 2013.
53. 최현배. 우리말본[M]. 서울: 정음사. 1935/1999.
54. 최현배. 우리말본[M]. 연희전문학교 출판부. 1937.
55. 한정한. 의미격과 화용격은 어떻게 다른가, 한국어학회 편, 국어의 격과 조사[M]. 도서출판 월인. 1999.
56. 홍순성. 시간부사와 격조사 '~에'의 공기 관계[J]. 한만족어문학(42). 2003.
57. 林素廷. 從語義地圖模型看漢語介詞與韓語副詞格助詞[J]. 중어중문학

(56). 2013.

58. 睦正洙 · 朴隆培. 敘述名詞의 論項의 格 실현 양상–自動性 機能動詞를 중심으로–[J]. 語文研究(45). 2017.

59. 任倩倩.浅析韩剧剧本中四类格助词的隐现现象[J]. 중한언어문화연구(15). 2018.

60. 王宗妍. 조사 용법에 대한 한국어와 중국어 비교 연구 –부사격 조사 '–에' '–에서' '에게' '로'의 용법을 중심으로–[D]. 檀國大學校. 2009.

61. Quirk, Leech, G., and Svartivik, J. (1985). A Comprehensive Grammar of the English Language London : Longman.

62. 弗里德里希 · 温格瑞尔 以斯–尤格斯密特 著, 彭利贞 · 许国萍 · 赵微 译. 认知语言学导论[M]. 上海：复旦大学出版社. 2009.

63. 金立鑫. 语言类型学探索[M].北京：商务印书馆. 2017.

64. 刘丹青. 语言类型学[M].中西书局. 2017.

65. 陆丙甫. 作为一条语言共性的"距离–标记对应律"[J]. 中国语文(1). 2004.

66. 陆丙甫. 语序优势的认知解释：论可别度对语序的普遍影响[J]. 当代语言学(1､2). 2005.

67. 陆丙甫 · 金立鑫. 语言类型学教程[M]. 北京：北京大学出版社. 2015.

68. 沈家煊. 句法的象似性问题[J]. 外语教学与研究(1). 1993.

69. 沈家煊. 类型学中的标记模式. 外语教学与研究(1)[J]. 1997.

70. 束定芳. 认知语义学[M]. 上海：上海外语教育出版社. 2008.

71. 王寅. 认知语言学[M]. 上海：上海外语教育出版社. 2007.

72. 王寅. 什么是认知语言学[M]. 上海：上海外语教育出版社. 2011.

73. 王遥 · 李景娜. 格标记的形态编码与语言配列模式的蕴涵共性[J]. 外国语(39). 2016.

74. 赵新建. 韩国语连接词尾"–지만"的多义性分析[J]. 解放军外国语学院院报(35). 2012.

75. 赵新建. 韩国语语法多义现象研究[M]. 世界图书出版广东有限公司. 2012.
76. 赵新建 · 马会霞. 韩国语属格助词的属性问题(1)[J]. 东北亚外语研究(1). 2016.
77. 赵新建. 相对单意性的语意推理和韩国语的非典型宾语[A]. 2018. 北京大学.

# 后记

翻开论文扉页时，心中感慨万千。在金忠实教授的帮助下，我即将拥有自己的第一本专著。而到现在我还记得金教授在语言学课上修改我论文的情景，那篇论文也成为了我第一篇正式发表的论文。在金教授的鼓励下，我硕士毕业后就继续考博、读博，人生真的很奇妙，也许这就是人与人之间的缘分吧。

首先向给予我太多太多支持和帮助的金忠实教授表示深深的感谢。金教授温柔优雅、知性美丽。感谢您在我就读期间给予我的温暖和关怀，告诉我不要害怕，您会为我祷告，给我增加了莫大的力量。帮我修改论文，鼓励我可以继续努力。对我的人生规划提出建议，引导我领略学术世界的美好。帮我推荐考博，博士期间只要我有需要，您都随时给我提供帮助等等。要感谢的实在太多，每每想起总会湿了眼眶，学生此生不会忘记您的关怀。语言时而苍白，但内心无比感谢，谢谢您！

还要感谢我硕博期间的导师赵新建教授，赵教授温文儒雅、谦虚好学。学习中，教授带我走进语言学的世界，领我参与科研项目，教给我知识和方法，为我提供大量资料。依然记得在学校的林荫道上、在食堂的餐桌旁、在教室里、在电话里、在校车以及火车上，教授都不知疲倦的与我讨论问题，解决我的疑惑，传授我知识，帮我修改论文，提供思路等。生活中，还给予我关心，时常提醒我注意身体，帮我联系国外导师、准备材料，告诉我“有任何需要我的地方尽管告诉我”，在我困难的时候鼓励我，在国外留学期间常常微信连线指导我的学习。教授时常说道，学习要做到“手中有粮，心中不慌”，做人要做到“做一个好人”，学生铭记在心！

我也要感谢金基石教授、高陆洋教授、全明姬教授、李春虎教授和金永奎教授。

金基石教授学识渊博，任何一个知识点都可以讲得明明白白，回答问题的时候总是深入浅出，感觉没有老师不会的知识了。

高陆洋教授帅气十足，教予我学习的方法和有趣的社会语言学知识，还记得您给予我的每一次鼓励、每一份微笑，让我倍受鼓舞也更加坚定，教授给予我的恩情学生定铭记在心。

全明姬教授平易近人，带我进入古代韩语的世界，常被教授扎实的知识所震撼，即使每次上完课都天黑了，也还是希望时间走得再慢一点。李春虎教授和金永奎教授的课程生动有趣，拓宽了我的知识面，带我领略不一样的文化和文学世界。

同时我也要感谢我本科恩师金长善教授，教授在我求学期间给予我太多帮助。感谢硕士外导睦正洙教授和博士外导朴镇浩教授，感谢两位导师给予我机会学习，带我感受语言学的魅力，见面总会关心我的学习，在韩国学习期间给予我种种帮助。此外，本书在后期修改过程中，姜宝有教授、高陆洋教授、崔松虎副教授也给出了中肯意见，在此表示衷心的感谢。还要感谢文英熙老师、辛勤英老师、黄莲花学姐和金玲学姐在初期为我修改论文，提出的宝贵意见。

另外还要感谢给予我关心和帮助的张艳学姐、魏雪娇学姐、赵娜学姐，三位学姐谦虚好学，总是不厌其烦的回答我的问题，给我信心。感谢岳逸飞学长，学长在我申请出国和平时的学习生活中给予我很大帮助，在写论文的过程中也为我答疑解惑。感谢我的挚友王曼羽、张青、朱倩，无论我处于哪个阶段，你们都一直在我身边，和我一起学习、一起成长。

最后，感谢我的家人。谢谢你们对我的支持和在背后的默默付出，你们是我最坚实的后盾，在我求学的这些年，你们不曾有过埋怨，总是鼓励我、关心我，我永远爱你们。

在上外学习的七年，是我人生旅程中充满各种色彩的一段过程，在此期间我接受了太多的帮助和关怀。同时入职铜陵学院以来，我也接受了很多善意的帮助。再次感谢上海外国语大学，感谢铜陵学院，感谢所有给予我帮助的人！

# 저자소개

## 임천천(任倩倩)

1993년 중국 안후이 성에서 태어나 톈진사범대학교 한국어학과를 졸업하였다. 석사 및 박사 학위는 상하이외국어대학교에서 취득하였으며, 현재는 안후이성 통링대학교(铜陵学院)에서 전임 강사로 재직 중이다. 국비유학생으로 1년 동안 서울대학교 국어국문학과에서 공부하였다. 연구 분야는 한국어 언어학이고 한중언어대조이다.

전자우편: cheon0829_@naver.com

논문으로는 "韩汉'一对二'式话语标记:'-더라니'和 '我说什么来着'+'果不其然'"(KCI,2023), "从隐喻计算模型看'平易近人'韩汉文本'隐喻不对称'现象"(KCI,2023), "韩汉话语标记'거봐'和'(你)看/瞧'的交互主观性"(KCI,2023), "한국어 위격조사 '-에'와 중국어 개사 '在'의 실현 양상 대조 분석"(2022)등 10편.

수상

2020년, 2024년 중국 상하이시 우수졸업생

2018년, 2021년 상하이외국어대학교 우수학생

2021년 한국국제교류재단 대학원생 장학금